谨以此书

献给为实现中华民族伟大梦想而勇于担当、不懈奋斗的伟大而平凡、平凡而伟大的人们

——作者题记

战略家邓小平

李洪峰 著

新华出版社

图书在版编目（CIP）数据

战略家邓小平/李洪峰著
北京：新华出版社，2014.7
ISBN 978－7－5166－1048－0
Ⅰ.①战…　Ⅱ.①李…　Ⅲ.①邓小平（1904～1997）—人物研究②邓小平理论—研究　Ⅳ.①A765②A849.161
中国版本图书馆 CIP 数据核字（2014）第 124413 号

战略家邓小平
作　　者：李洪峰

出 版 人：张百新　　**责任编辑**：刘　飞　尚惠敏
封面设计：田献枝　　**责任印制**：廖成华
责任校对：刘保利

出版发行：新华出版社
地　　址：北京石景山区京原路 8 号　**邮　　编**：100040
网　　址：http：//www.xinhuapub.com　http：//press.xinhuanet.com
经　　销：新华书店
购书热线：010－63077122　**中国新闻书店购书热线**：010－63072012

照　　排：新华出版社照排中心
印　　刷：北京文林印务有限公司

成品尺寸：170mm×240mm
印　　张：18.75　**字　　数**：180 千字
版　　次：2014 年 7 月第一版　**印　　次**：2014 年 7 月第一次印刷

书　　号：ISBN 978－7－5166－1048－0
定　　价：38.00 元

图书如有印装问题，请与出版社联系调换：010－63077101

目　录

每一时代都有每一时代的问题，每一时代都有每一时代的重大事件，每一时代都有每一时代的伟人。人民创造历史，历史造就伟人。伟人抓住历史中最具有决定意义的环节，解决时代提出的最紧迫、最重大问题，从而留下一个又一个精彩的历史瞬间，仿佛高峰连绵，群星闪耀，引导和照亮人类前进的道路。

一个不能造就自己的伟大人物的国家和民族，是悲哀的；一个不能爱护和珍惜自己的伟大人物的国家和民族，是可怜的。

毛泽东和邓小平，两位伟人，心是相通的。在我

战略家邓小平

李洪峰

邓小平是继毛泽东之后，我们党又一位伟大的战略家。

邓小平一生，三落三起。他第三次复出，进入一生事业的巅峰，开创了改革开放的历史新时期。在纪念邓小平诞辰110周年的时候，回顾邓小平推进改革开放的伟大历史进程，领略他战略思考、战略判断、战略设计、战略决策的战略家风采，对于深入贯彻党的十八大和十八届三中全会精神，全面深化改革开放，继续把改革开放和社会主义现代化建设伟大事业推向前进，具有重要意义。

一、战略起点，从解决思想路线入手

“文化大革命”十年动乱带来的深重灾难，使我们党、我们国家和我们民族付出了沉重的代价。“左”的错误再也不能继续下去了，必须拨乱反正。

邓小平受命于危难之际。他一出来工作，就表现出伟大战略家的远见卓识。面对百废待兴、百端待举的复杂情况，他在千头万绪中首先抓住具有决定意义的关键环节，从解决思想路线入手。

重新确立和恢复党的实事求是的思想路线，是邓小平开创新时期的战略起点。

邓小平是以毛泽东为核心的第一代中央领导集体的重要成员。长期革命实践的千锤百炼，使他深深懂得实事求是的极端重要性。

实事求是是我们党正确认识客观世界的思想路线，也是我们党正确改造客观世界的思想路线。整个中国革命的历程充分证明，有了实事求是，我们党才创造了农村包围城市的中国革命道路；有了实事求是，我们党才找到了武装斗争、统一战线、党的建设这三大法宝；有了实事求是，我们党才正确解决了中国革命的性质、对象、动力、前途和转变等一系列根本问题；有了实事求是，我们党才确立了正确的政治路线、军事路线、组织路线；有了实事求是，我们党才在一个工人阶级数量很少、农民占人口绝大多数的半殖民地半封建社会里，建立起一支马克思主义的工人阶级先锋队；有了实事求是，我们党才胜利实现了马克思主义的中国化，创立和发展了毛泽东思想；有了实事求是，我们党才战胜了无数艰难险阻，克服了前进道路上的错误和挫折，正确地总结了经验教训，团结了全党和全国人民，不断从胜利走向新的胜利。毛泽东的理论贡献，最重要的是他提出和确立了我们党实事求是的思想路线，党和人民用实事求是的思想路线武装起来，中国革命就打开了胜利的通途。

我们党执政以后，发生的各种失误和偏差，特别是发生“文化大革命”那样全局性的错误，有多方面的复杂原因，但从根本上说，都同偏离党的实事求是思想路线有关。

1976年粉碎“四人帮”，全党全国欢欣鼓舞。但1977年2月7日，《人民日报》、《红旗》杂志、《解放军报》发表题为《学好文件抓住纲》的社论，提出“凡是毛主席作出的决策，我们都坚决拥护，凡是毛主席的指示，我们都始终不渝地遵循”即“两个凡是”的错误主张。社论是经华国锋批准发表的。之后不久，发生了真理标准问题的讨论。为了破除这“两个凡是”，支持和推动真理标准问题的讨论，邓小平在不到两年的时间里，发表了26次谈话、讲话，反复阐述实事求是的根本道理。

邓小平一针见血地点明：“两个凡是”不行，不是马克思主义，不是毛泽东思想。马克思、恩格斯没有说过“凡是”，列宁、斯大林没有说过“凡是”，毛泽东同志自己也没有说过“凡是”。不能用毛主席的只言片语损害毛泽东思想体系，讲毛泽东思想，不在引用很多毛主席的话，而在发挥他的根本思想。

邓小平深刻指出：我们必须世世代代用准确的完整的毛泽东思想来指导我们全党、全军和全国人民。要从问题堆里找长远的、根本解决问题的东西。为什么要抓理论研究？就是为了这个。讲空话不行，要有具体措施，统一认识。实事求是是毛主席讲的，是马克思主义的态度。懂得这一条就有希望。实事求是是毛泽东思想的根本态度、根本观点、根本方法。实事求是是马列主义哲学的概括，是马列主义理论、马列主义方法的概括。这是毛主席经常讲的道理，也是他讲的最多的道理，列宁也讲得很多。我们讲要继承和发扬毛主席为我们培育的优良传统，第一个就是实事求是。毛泽东思想最根本的最重要的东西就是实事求是。

邓小平反复强调：我们一定要恢复和发扬毛主席为我们党树立的群众路线的优良传统和作风，实事求是的优良传统和作风，批评和自我批评的优良传统和作风，谦虚谨慎、戒骄戒躁、艰苦奋斗的优良传统和作风，民主集中制的优良传统和作风。努力造成毛主席倡导的又有集中又有民主，又有纪律又有自由，又有统一意志，又有个人心情舒畅、生动活泼，那样一种政治局面。马列主义、毛泽东思想如果不同实际情况相结合，就没有生命力了。我们领导干部的责任，就是要把中央的指示、上级的指示同本单位的实际情况结合起来，分析问题，解决问题，不能当“收发室”，简单地照抄照转。现在摆在我们面前的问题，关键还是实事求是、理论与实际相结合、一切从实际出发。这是政治问题，是思想问题，也是我们实现现代化的现实问题。一切从实际出发，我们的事业才有希望。理论联系实际，就是从实际出发，把实践经验加以概括。实践是检验真理的唯一标准，这是马克思主义，是毛主席经常讲的。毛主席总是提倡要开动脑筋，开动机器。世界天天发生变化，新的事物不断出现，新的问题不断出现，我们关起门来不行，不动脑筋永远陷于落后不行。实事求是，开动脑筋，要来一个革命。

1978 年 12 月 13 日下午，邓小平在中央工作会议闭幕会上发表《解放思想，实事求是，团结一致向前看》的重要讲话，这篇讲话实质上是紧接着召开的十一届三中全会的主题报告。在这篇重要讲话中，邓小平把实事求是和解放思想联系起来、结合起来，集中阐述了解放思想问题。他说：解放思想是当前的一个重大政治问题。解放思想，实事求是，团结一致向前看，首先是解放思想。一个党，一个国家，一个民族，如果一切从本本出发，思想僵化，迷信盛行，那它就不能前进，它的生机也就停止了，就要亡党亡国。

邓小平为什么特别强调解放思想？因为在当时的历史条件下，解放思想成为实事求是的政治前提，也是实事求是的题中应有之义。没有解放思想这个政治前提，或者说这个政治前提不充分、不彻底，就根本谈不上实事求是。

不解放思想，就不可能拨乱反正，纠正“文化大革命”的错误；不解放思想，就不可能废止“以阶级斗争为纲”的错误提法，实现全党工作重心的战略转移；不解放思想，就不可能正确总结历史经验，科学评价毛泽东同志和毛泽东思想的历史地位，真正高举毛泽东思想伟大旗帜；不解放思想，就不可能实行改革开放的新的路线方针政策，也就不可能打开社会主义现代化建设的新局面，开创改革开放的历史新时期；不解放思想，就不可能正确判断国际局势和世界主题发生的深刻变化，也就不能制定新的国际战略。

实践证明，邓小平抓住了党的思想路线问题，就抓住了拨乱反正和全面改革的关键，就抓住了凝聚党心、军心、民心的根本，就抓住了治党、治国、治军的全局，从而牵一发而动全身，使全党迅速由被动转入主动。党的思想路线的拨乱反正，发展成为一场伟大的思想解放运动，成为整个拨乱反正的先导，也成为整个改革开放和现代化建设的先导。

二、战略决策，开创新时期、新事业和新道路

邓小平是第二代中央领导集体的核心，是我国改革开放和社会主义现代化建设的总设计师。他在党的十一届三中全会以来的路线、方针、政策的制定和形成过程中，在我国改革开放的一系列重大决策制定和形成过程中，起了不可替代的决定性作用。邓小平多次强调，我们已经进入

改革开放和现代化建设的历史新时期，我们干的是全新的事业，我们正在走出一条中国特色的社会主义道路。在他的领导和推动下，改革开放成为我国经济生活、政治生活、文化生活和社会生活的主题，成为新时期最鲜明的特点，成为一场影响深远的伟大革命，成为社会主义自我完善、自我发展的强大动力。

邓小平是善于审时度势的伟大政治家。上世纪八十年代前后，邓小平冷静观察和深入研究国际局势和国内形势的深刻变化，关于国际国内大局，作出了两个影响深远的重大战略判断。

关于国内大局，邓小平作出了我国正处在并将长期处在社会主义初级阶段的重大战略判断。他说，社会主义本身是共产主义的初级阶段，而我们中国又处在社会主义的初级阶段，就是不发达的阶段。一切都要从这个实际出发，根据这个实际来制定规划。后来，在著名的南方谈话中，他进一步发挥说，如果从建国起，用一百年时间把我国建设成为中等水平的发达国家，那就很了不起。党的十三大、十五大、十七大，都对社会主义初级阶段理论作了系统阐述。社会主义初级阶段，这是中国的最大国情、最大实际，是新时期我们党全部工作的根本出发点和落脚点。

关于国际大局，邓小平作出了和平和发展是当代世界两大问题的重大战略判断。他说，现在世界上真正大的问题，带全球性的战略问题，一个是和平问题，一个是经济问题或者说发展问题。和平问题是东西问题，发展问题是南北问题。概括起来，就是东西南北四个字。南北问题是核心问题。后来，我们党进一步把“两大问题”概括为“两大主题”，并据此提出了“重要战略机遇期理论”，江泽民、胡锦涛都对此作了进一步的充分阐述。这是我国实行改革开放、推进现代化建设的国际环境和外部条件。中国的发展离不开世界。关起门来搞建设，从来不能得到成功，只能导致封闭落后。充分认识和切实把握运用好我国所处的重大战略机遇期，以我为主，趋利避害，韬光养晦，有所作为，对于推进中国特色社会主义伟大事业，实现中华民族伟大复兴的中国梦，至关重要。

在这两个重大战略判断的前提和基础上，从 1978 年到 1992 年，十四个年头里，邓小平作出了一系列影响深远的战略决策，包括实现全党工作重点的战略转移、确立“三步走”的战略目标；制定“一个中心、两个基本点”的基本路线；提出内政、外交、国防，治党、治国、治军，经济、政治、文化、社会、党的建设等各方面一整套方针政策；包括决策恢复高考；推行农村家庭联产承包责任制；实行一部分地区、一部分人先富起来；决策创办经济特区；确立对外开放基本国策；决策实施“863”计划；包括恢复实事求是思想路线；推动真理标准讨论；科学评价毛泽东同志和毛泽东思想；平反冤假错案；实行干部队伍革命化、年轻化、知识化、专业化方针；提出一系列“两手抓”方针；把制度建设和民主法治建设突出提到全党面前；实行百万大裁军；提出“一国两制”方针，解决香港、澳门问题，等等。这一系列战略决策，有力地推动了改革开放的历史进程。

特别值得提起的是，邓小平在推进改革开放的历史进程中，牢牢把握了三个重大历史节点，“任凭风浪起，稳坐钓鱼船”，引领我国改革开放和社会主义现代化建设的航船，乘风破浪，胜利前进。

第一个重大历史节点，是1978年党的十一届三中全会前后。当时的中国，面临极其复杂的局面。“文化大革命”刚刚结束，国民经济到了崩溃的边缘，百废待兴，百端待举。邓小平及时向全党发出了“解放思想，实事求是，团结一致向前看”的战略号召，胜利召开了十一届三中全会，重新恢复和确立了党的实事求是的思想路线，实现了全党工作重点从“以阶级斗争为纲”到“以经济建设为中心”的战略转移，确立了邓小平作为第二代中央领导集体的核心。有的同志认为，十一届三中全会的意义不低于43年前的遵义会议，这是很有道理的。这两次会议虽然处在不同的历史时期，但有一个根本的共同点，就是实质上确立了毛泽东和邓小平在全党的领导地位，实现了我们党从遭受严重挫折到走向新的胜利的伟大转折。

第二个重大历史节点，是1989年平息北京发生的政治动乱。邓小平领导全党果断平息了动乱。1989年6月9日，他在接见首都戒严部队军以上干部时的重要讲话中，科学分析了形势，明确而肯定地向世界宣布，坚持党的十一届三中全会制定的路线、方针、政策不动摇，坚持“三步走”的战略目标不动摇，坚持十三大概括的“一个中心、两个基本点”不动摇，从而在重大历史关头，鲜明地回答了中国举什么旗、走什么路、朝着什么方向前进的重大问题，稳定了大局，进一步坚定了改革开放的战略决心，树立了中国改革开放的形象。

第三个重大历史节点，是1992年初。邓小平视察南方，就坚定不移地坚持党的“一个中心、两个基本点”的基本路线，坚定不移地走中国特色社会主义道路，坚定不移地抓住机遇，加快改革开放步伐，集中精力把经济搞上去等一系列关系党和国家前途命运的重大问题，发表了具有深远意义的重要谈话。这既是一篇集大成的谈话，概括了邓小平理论的主要之点，又是解放思想、实事求是的新的宣言书，又一次从根本上排除了“左”和右的干扰，把我国改革开放和社会主义现代化建设推进到一个新的发展阶段。

三、战略指导，邓小平领导风格的本质特征

邓小平作为战略家，他的领导工作，高瞻远瞩，举重若轻；脚踏实地，不尚空谈；旗帜鲜明，勇于担当；绵里藏针，柔中寓刚；波澜不惊，稳如泰山，赢得了全党、全

军和全国各族人民的高度信赖和衷心爱戴。而贯穿邓小平领导工作的，是他对社会主义和共产主义事业的信仰。坚定的信仰，是邓小平全部实践和理论的基石，也是邓小平领导风格的基石。

邓小平在讲到党的优良传统时，曾经讲过，毛泽东同志倡导的作风，群众路线和实事求是这两条是最根本的东西。在邓小平伟大光辉的一生中，始终不渝地坚持的，也是这两条最根本的东西。群众路线和实事求是，是邓小平领导风格的两个基本点。

1985年9月23日，邓小平在中国共产党全国代表会议的讲话中提出："我们现在要建设有中国特色的社会主义，时代和任务不同了，要学习的新知识确实很多，这就更要求我们努力针对新的实际，掌握马克思主义基本理论。因为只有这样，才能提高我们运用它的基本原则基本方法，来积极探索解决新的政治经济社会文化基本问题的本领，既把我们的事业和马克思主义理论本身推向前进，也防止一些同志，特别是一些新上来的中青年同志在日益复杂的斗争中迷失方向。"为此，他建议"党中央作出切实可行的决定，使全党的各级干部，首先是领导干部，在繁忙的工作中，仍然有一定的时间学习，熟悉马克思主义的基本理论，从而加强我们工作中的原则性、系统性、预见性和创造性"。

邓小平在这里提出的领导工作"四性"，是他对领导工作的规律性认识，是他对全党的要求，也是对他自己长期领导实践的理论总结。原则性、系统性、预见性和创造性，是邓小平领导风格的本质特征。

原则性，这是邓小平领导风格的灵魂。领导工作，原则性是第一位的。没有原则，谈不上领导。邓小平从20世纪30年代初期投身于共产主义运动，历经坎坷，多次经受革命事业的艰难曲折，在70多年的革命生涯中，始终坚定马列主义、毛泽东思想的信念，始终坚定社会主义和共产主义信念，无私无畏，不屈不挠，意志顽强，坚韧不拔。立场从不动摇，信念从不动摇，原则从不动摇。毛泽东说他："外面柔和一点，内部是钢铁公司"，"柔中寓刚，绵里藏针"，就是对他原则性的高度赞扬。邓小平这种坚定的原则性，在新时期既表现在破除"两个凡是"束缚、平反冤假错案的勇于担当上，也表现在确立毛泽东同志和毛泽东思想历史地位的大智大勇上；既表现在推行农村家庭联产承包责任制、决策创办经济特区、实行市场经济取向改革等一系列重大举措上，也表现在反对资产阶级自由化、平息1989年政治动乱、打破西方制裁的果敢行动上；既表现在毫不动摇地坚持"一个中心、两个基本点"的基本路线上，也表现在坚定不移地恢复和发扬党的优良传统作风上；既表现在国内治党、治国、治军的伟大实践中，也表现在错综复杂国际政治斗争的纵横捭阖中。无论从哪个角度来观察，邓小平都是坚持原则的典范。国外许多学者把邓小平同毛泽东、周恩来等中共领袖人物进行比较研究后认为，毛泽东是具有超凡魅力的权威，邓小平是有组织性的权威，他从不在党内和军队内搞自己的小宗派，用组织和制度治国、治党、治军是邓小平领导艺术的典型特征之一。[①]

系统性，这是邓小平领导风格的主要特征。国家治理，特别是像我们这样的大党、大国的治理，本身就是一个宏大精微的系统工程。邓小平曾经对当时的香港总督麦理浩说过，如果你们认为治理香港复杂，那么你们就来治理中国试试。邓小平是战略家，也是辩证法大师。他在领导工作中，既注重从全局和战略大的视角上观察问题，又善于从事物的相互联系和相互作用中来处理问题，这是邓小平思维和决策的一个重要特点。他既善于抓住关键、把握重点，又善于总揽全局、推动全盘。正如一位外国学者所说："在人类历史上，大概还从未有过这样一个社会，像毛泽东去世后，邓小平成为最高领导以来的中国那样，在没有战争、暴力革命或经济崩溃的条件下，进行如此重大而全面的改革。""邓小平是处在中国转折时期的伟人，他使中国从一个时代走向一个新时代，走向现代化。"[②]邓小平高度重视理论指导和理论联系实际。他在推进改革开放的伟大历史进程中，进行了巨大的理论创造，适应新

---

① 中央文献出版社：《邓小平研究述评》下册，第950页

② 中央文献出版社：《邓小平研究述评》下册，第952页

的时代需要，在毛泽东思想的基础上，写出了新的著作，提出了一系列新思想、新观点、新论断，创立和形成了邓小平理论。邓小平著作同毛泽东著作，理论上、思想上一脉相承、一以贯之，但在风格和形式上却有很大不同。毛泽东著作虽然也有短小篇什，但大多是系统的、展开的论述；邓小平著作虽然也有宏篇巨制，但大多是论点、论断的集合。但两者都有完整的思想体系，都是典型的中国作风、中国气派。邓小平理论是毛泽东思想的直接继承和发展，又是整个中国特色社会主义理论体系的奠基和开篇之作。它上承毛泽东思想，下启“三个代表”重要思想和科学发展观，是理论与实践的统一、历史与逻辑的统一、继承与发展的统一。

预见性，这是邓小平领导风格的鲜明特点。领导需要预见。没有预见，就没有领导。邓小平是一位求真务实的实干家。他曾坦言自己是“实事求是派”。邓小平的许多思想观点，都是取之于民、用之于民的。比如“不管黄猫、黑猫，只要捉住老鼠就是好猫”，“摸着石头过河”，“不务虚名、多做实事”，“不搞争论”等，都是群众语言，但经过邓小平的加工和创造性提倡，便有了完全不同的含义，成为新时期的治国名言。邓小平又是一位深谋远虑的思想家，他特别强调领导干部特别是高级干部，眼界要十分开阔，襟怀要十分开阔。邓小平思考问题，总是把历史、现实和未来统一起来考虑，邓小平的领导工作，是求真务实和远见卓识的统一，因而他总能站得高些，看得远些，想得深些，总能抓住事物的本质。古人说，“不谋全局者，不足谋一域；不谋万世者，不足谋一时。”这在邓小平的领导工作中有极鲜明的体现。比如，他关于社会主义发展前景的展望、关于农村两个飞跃的论断、关于我国现代化建设分“三步走”的战略目标、关于教育“三个面向”的战略方针、关于建立国际政治经济新秩序的战略构想等，都是经得起实践检验、具有长远指导意义的科学预见，充分表现出邓小平卓越的战略洞察力。

创造性，这是邓小平领导风格的主线，贯穿他的全部领导实践。邓小平一生独立思考，从不盲从。邓小平1938年就讲过，一切都是辩证的，一切都在发展变化中。毛泽东很欣赏这句话，认为这句话很厉害，抓住了马克思主义的实质，富有哲理，他一连四五年都提到这句话。思想充满活力是邓小平的性格特征之一，也是他的领导工作特征之一。基辛格曾对邓小平说过：“我知道中国有人比你更年轻，但我不知道，在中国还有人比你更有活力。”[①]一位俄罗斯学者在评价邓小平时说：“用现实主义态度对待世界，对待生活是马克思主义的精髓，所以，对他来说，知识的源泉就是不断变化的生活。一个政治家的任务就是要认真思考正在发生的变化和制定符合这种变化的路

① 中央文献出版社：《邓小平研究述评》下册，第951页

线，邓小平的人生哲学，不是斗争哲学，而是实践哲学。”①

邓小平的一系列重大决策和邓小平理论的一系列思想观点，充满了勇于探索的创造精神。他以70多岁高龄，指导了全新的实践，开创了全新的事业，创立了全新的理论，这在人类历史上，是极为罕见的。邓小平讲过，对马克思主义理解得最好的是列宁和毛泽东。列宁搞成了俄国革命，毛泽东搞成了中国革命。我们完全可以说，对毛泽东思想理解得最好的是邓小平，邓小平搞成了中国的改革开放。

原则性、系统性、预见性和创造性，这四者不是割裂的，而是统一的；不是孤立的，而是联系的；不是空洞的，而是实际的。它是中国共产党执政规律、社会主义建设规律、人类社会发展规律在领导工作中的具体体现。实践表明，人类社会的发展，总是由低级到高级，由简单到复杂，因而它越是向前发展，必然对国家和社会素质要求越高，必然对执政党的执政能力和领导水平的要求越高。从而，思想方法问题必然越来越重要，精神状态问题必然越来越重要，世界观、人生观问题必然越来越重要。所以，我们纪念邓小平，纪念一切伟大人物，除了缅怀他们的伟大业绩以外，最重要的是学习他们的思想理论、思想

① 中央文献出版社：《邓小平研究述评》下册，第950页

方法和精神风范，跟上时代、实践和科学发展的步伐，不断在提高素质、提高境界、提高水平上下功夫，努力把世界观、人生观搞对头，把精神状态搞对头，把思想方法搞对头。世界上的事情是复杂的。但有了这“三个搞对头”，从主观条件上说，许多事情就好办了。

我们要记住毛泽东的话：“世界上没有直路，要准备走曲折的路，不要贪便宜。”我们要记住周恩来的话：“跟着新生的力量走，用发展的眼光看问题，并有不怕困难的精神，这才是正确的。”我们要记住邓小平的话：“要研究新情况，解决新问题。”让我们紧密团结在以习近平同志为总书记的党中央周围，勿忘昨天的苦难辉煌，无愧今天的使命担当，不负明天的伟大梦想，下定决心，排除万难，在中国特色社会主义伟大道路上，为实现中华民族伟大复兴的中国梦，万众一心，努力奋斗！

第一章

时代和伟人

一个伟大的民族、伟大的政党，开创未来的最重要条件之一，就是尊重自己走过的道路，尊重自己的历史文化，包括尊重自己的伟人。歌德说过，同时代的伟大人物可比喻为空中的巨星，当它们在地平线上出现的时候，我们的眼睛便不禁向他们瞻望。如果我们有幸能分享这种完美的品质，我们便感到鼓舞和受到陶冶。歌德的话，生动而深刻地揭示了伟人和时代的关系。我们纪念伟人的意义，就在这里。

每一时代都有每一时代的问题，每一时代都有每一时代的重大事件，每一时代都有每一时代的伟人。人民创造历史，历史造就伟人。伟人抓住历史中最具有决定意义的环节，解决时代提出的最紧迫、最重大问题，从而留下一个又一个精彩的历史瞬间，仿佛高峰连绵，群星闪耀，引导和照亮人类前进的道路。

一个不能造就自己的伟大人物的国家和民族，是悲哀的；一个不能爱护和珍惜自己的伟大人物的国家和民族，是可怜的。

中华民族是伟大的。

中国共产党是伟大的。

中国共产党植根中华民族深厚的历史文化土壤，立足中国革命、建设、改革的伟大实践，依靠中国最广大人民这一取之不尽用之不竭的力量和智慧源泉，造就了毛泽东、邓小平这样的享誉世界的历史伟人，开创了中国历史的新纪元，在中华大地上展开了中国革命、建设和改革气象万千、辉煌壮丽的历史画卷。

毛泽东和邓小平，两位伟人，两座高峰，各领风骚，无边风景。

毛泽东和邓小平，第一次见面于 1927 年 8 月 7 日中央武汉汉口“八七会议”。当时毛泽东 34 岁，邓小平 23 岁。毛泽东在这次会议上提出了他的著名的枪杆子里面出政权的思想（毛泽东说：以后要非常注意军事，须知政权是由枪杆子中取得的）。并在会上当选为中央政治局候补委员。邓小平是这次会议的政治秘书。这次会议在中国革命史上的印记是深刻的，在毛泽东和邓小平的印记中也应该是深刻的。他们相互之间，不好说邓小平在毛泽东的心目中留下什么深刻的烙印，但毛泽东在邓小平心目中肯定留下了深刻烙印。

毛泽东在“八七会议”以后，谢绝了瞿秋白随中央机关到上海，留在中央机关工作的邀请，以中央特派员的身份赴湖南改组省委并领导农民秋收暴动，他于 1927 年 9 月 5 日，在安源张家湾组建了“工农革命军第一军第一师”，率领 5000 余名将士，发动了著名的湘赣边秋收暴动。起义失败后，毛泽东于 9 月 29 日率工农革命军进抵江西永新三湾，进行了著名的“三湾改编”，作出了在井冈山建立革命根据地的战略决策，开创了以宁冈为中心的井冈山革命根据地。1928 年 4 月下旬，朱德、陈毅率领南昌起义余部来到井冈山，与毛泽东的部队在宁冈胜利会师。朱、毛会师后，成立了中国工农红军第四军，朱德任军长，毛泽东任党代表兼前委书记。

井冈山革命根据地的创立，这是中国共产党历史上和中国共产党领导的人民战争史上开天辟地的大事件，它实际上成为毛泽东开创的农村包围城市、武装夺取政权的新民主主义革命道路的伟大起点。毛泽东在井冈山斗争时期，写下了两篇具有战略家远见的论文：一篇是《井冈山的斗争》，一篇是《中国的红色政权为什么能够存在》。毛泽东写道：一国之内，在四围白色政权的包围中间，产生一小块或若干小块的红色政权区域，在目前的世界上只有中国有这种事。我们分析它发生的原因之一，在于中国有买办豪绅阶级间的不断的分裂和战争。只要买办豪绅阶级间的分裂和战争是继续的，则工农武装割据的存在和发展也将是能够继续的。[①] 小块红色区域的长期存在，必然地要作为取得全国政权的许多力量中间的一个力量。现在中国革命形势是跟着国内买办豪绅阶级和国际资产阶级的继续的分裂和战争，而继续地向前发展的。所以，不但小块红色区域的长期存在没有疑义，而且这些红色区域将继续发展，日渐接近于全国政权的取得。[②]

“八七会议”后，邓小平在上海做了一年半的中央秘书长。到1929年夏，他以中共中央代表的身份，前往广西南宁，领导广西党的工作。这年12月，他同张云逸、雷经天等领导发动百色起义，创建了红七军和右江革命根据地。1930年2月，他同李明瑞、俞作豫等领导发动龙州起义，创建了红八军和左江革命根据地。在此期间，他先后出任红七军、红八军政委和前委书记。邓小平在百色起义胜利后不久，就提出了“学习朱毛红军”、“汇合朱毛红军”的口号。1931年2月14日，邓小平率红七军转战千里，历尽艰辛，终于到达江西中央苏区的红色根据地——崇义县城，汇入朱毛领导的中央红军。

疾风知劲草，板荡识诚臣。邓小平真正进入毛泽东的

---

① 《毛泽东选集》第一卷，第57页

② 《毛泽东选集》第一卷，第50页

视野，是在毛泽东和邓小平双双“落难宁都”的时候。1932年10月上旬，苏区中央局，根据“左”倾中央的指示，在宁都小源召开扩大会议即宁都会议，集中批判毛泽东“反对攻打赣州”的所谓右倾错误，并实行“残酷斗争，无情打击”，决定撤销毛泽东的红军总政委之职，召回后方专做中央政府工作。1933年4月，中央局直接参与召开的“江西党三个月工作总结会议”，集中整邓、毛、谢、古，撤销了邓小平一切领导职务。

邓、毛、谢、古，邓就是邓小平，他在来到中央苏区特别是主政瑞金期间，经过对毛泽东的多方了解和对苏区实际的现实判断，邓小平认定毛泽东的一整套路线、方针、政策是正确的，他坚决拥护毛泽东的正确主张。毛是毛泽覃，他是毛泽东的胞弟，曾任东固区委书记、永吉泰中心县委书记、苏区中央局秘书长。谢是谢唯俊，曾任红四军第一纵队政治部主任、赣东特委书记、红一方面军总前委秘书、红军独立五师师长、江西军区第二分区司令员，这位从井冈山下来的红军老战士，坚决拥护毛泽东的正确主张。古是古柏，曾任红一方面军总前委秘书长、江西省苏维埃政府裁判部长兼内务部和党团书记、苏维埃中央政府劳动部秘书长等，是毛泽东的亲密战友和得力助手。邓、毛、谢、古四人同在中央苏区工作，平时有些接触，共同语言较多，他们一起批驳过“左”倾领导人对毛泽东的无端指责。

邓、毛、谢、古同“左”倾领导人的主要分歧是：在革命道路问题上，“左”倾领导人提出要“夺取中心城市和交通大道”，邓小平等则主张向“敌人力量薄弱的地方”发展苏维埃，肃清苏区内部的白色据点；在土地问题上，“左”倾领导人主张“地主不分田，富农分坏田”，邓小平等则主张按照毛泽东制定的按人口平分，“抽多补少，抽肥补瘦”的原则分配土地；在作战原则上，“左”倾领导人大反“游击主义”，主张脱离根据地到白区作战，邓小平等则坚持毛泽东倡导的“诱敌深入”的方针，伺机歼灭敌人；在扩红、征粮、推销公债等工作中，“左”倾领导人无视苏区的人力、物力状况，信口提出“扩大百万铁的红军”等许多不切实际的指令性要求，邓小平等则认为应考虑边区的实际情况，不宜提出过高指标，党也不要包办代替政府的工作，等等。邓、毛、谢、古与“左”倾领导人上述分歧的实质，是以毛泽东为代表的正确路线同以王明为代表的“左”倾错误之间的对立和斗争。

实施批判邓、毛、谢、古“江西罗明路线”的关键举措，是中央局直接参与召开的“江西党三个月工作总结会议”。会议是1933年4月16日至22日由中共江西省委主持在省委驻地宁都县城北边七里村召开的，中央局控制了七天会议的议程和方向。邓、毛、谢、古四人在会上一次次作检查，一次次申辩，一次次受批判，总过不了关。当“左”倾领导人胁迫四人头目邓小平作进一步“深刻检查”

时，邓小平“决不向错误的判断低头”，“他支持毛泽东的策略，在这一点上谁也无法使他动摇。”于是，中央局“左”倾领导人宣布撤销邓、毛、谢、古的一切领导职务，将他们调往县区基层做巡视员和突击队的工作。邓小平被撤销了江西省委宣传部长职务，给了“最后严重警告”的处分，派到乐安县属的南村区委当巡视员。1943 年 11 月中旬，在中央政治局会议上，在谈到中央苏区“左”倾路线，开展反邓、毛、谢、古斗争时，毛泽东颇动感情地说：“反对邓、毛、谢、古，是指鸡骂狗，现在邓、毛、谢、古死了 3 个人，望邓要为党争气。”1945 年毛泽东在《七大工作方针》中又说：“反‘罗明路线’就是打击我的，事实上也是这样。”可见这件事对毛泽东触动之深。

自古雄才多磨难。伟大人物的伟大之处，常常不在他们崛起之际，而在他们经历磨难之时。历经磨难，才更能显示他们不同寻常的意志和品质。邓小平三落三起，愈见坚贞；毛泽东屡经磨难，终成伟业。

1935 年 1 月 15 日至 17 日，具有伟大历史转折意义的遵义会议，实质上确立了毛泽东在全党的领导地位。毛泽东的雄才大略和风采魅力，在艰苦卓绝、充满艰险挑战的战争环境中愈益为全党和全国人民所认识，也愈益增加了邓小平对毛泽东由衷的崇敬之情。

长期的战争年代，从参加长征到立马太行，从千里跃进大别山到百万雄师过大江，到挺进大西南，邓小平的脚步始终跟着毛泽东走。他对毛泽东的战略意图和战略决策，有极深刻的理解、极精准的把握。1943 年 7 月 2 日，邓小平在《太行区的经济建设》一文中总结六年来太行山斗争经验时指出："敌后抗战是一个极复杂、极艰难的斗争，我们已经胜利地渡过了整整的六年，并且已经奠定了继续坚持争取最后胜利的基础。以八路军这样窳劣的武器，四年来没有得到一个铜板一颗子弹的接济，而能战胜各种困难，与强大的敌人进行短兵相接的斗争，这不能不是一个奇迹。究竟它的秘诀在什么地方呢？如人所共知的，我们有一个毛泽东的战略战术指导原则。依据这个原则，从无数的战斗中，才创立、保卫与巩固了各个抗日根据地，才箝制了日寇在华总兵力的一半，减轻了大后方正面作战的负担。"①

1943 年 11 月 10 日，邓小平在中共中央北方局党校整风动员会上的讲话中，在讲了党的历史上几次挫折和失败的教训后，深情地说："我党自一九三五年一月遵义会议之后，在以毛泽东为首的党中央领导之下，彻底克服了党内'左'右倾机会主义，一扫主观主义、宗派主义和党八股的气氛，把党的事业完全放在中国化的马列主义，即毛泽东思想的指导之下，直到现在已经九年的时间，不但没有犯过错误，而且一直是胜利地发展着。这种事实我们

① 《邓小平文选》第一卷，第 77 页

大家都知道得很清楚。的确，在以毛泽东思想为指导的党中央的领导之下，我们回忆起过去机会主义领导下的惨痛教训，每个同志都会感觉到这九年是很幸福的，同时也会更加感到三风不正对我们的毒害了。”“现在我们有了这样好的党中央，有了这样英明的领袖毛泽东同志，这对于我们党是太重要了。”①

1948 年 4 月 25 日，邓小平在河南鲁山召开的豫陕鄂前委和后委联席会议作报告时说：“我们由黄河到长江跃进了一千里。这个跃进的意义可不要小看了，中国从北到南没有多少个一千里，从长江再跃进一千里就到了广东、福建的边界，下剩不到一千里了，蒋介石的反动政权就要垮台了。这个跃进的事实表明战略形势起了巨大变化，正如毛主席在《目前形势和我们的任务》的报告中所说的，由于我们的反攻，已经扭转了战争的车轮。我们击破了蒋介石的反革命计划，使之由进攻转为防御，由外线转到内线，而我们则由防御转为进攻，由内线转到外线，改变了战略形势。”② 后来他又讲道：千里跃进大别山是一个了不起的战略行动。没有一个伟大的战略思想，是做不出这样的决定的。这一套战略思想是毛主席定下来的。毛主席的战略思想，是很值得我们学习的。

1949 年 3 月，邓小平在中共七届二中全会上发言中

① 《邓小平文选》第一卷，第 88 页

② 《邓小平文选》第一卷，第 96 页

指出："七大以来，中央的领导完全是布尔什维克的领导。政治上，由和谈到战争。军事上，由防御到进攻直到胜利。经济上，华北、东北、华东根本上完成了土改，支援了战争，开始了建设。""毛主席和中央书记处的领导方式也很正确，高度集中，又高度民主。这使得下面很放手，无顾忌。集中使我们少犯错误，民主使我们发挥积极性。中央领导的正确，增加了我们的信心，可以保证今后一连串的胜利。"①

毛泽东的领袖地位是在长期实践中确立的，邓小平对毛泽东的认识也是在长期实践中形成的。1978 年 12 月 1 日，邓小平在中央政治局常委会上说：清华大学几个青年贴大字报说，"反周民必反，反毛国必乱"。这个话水平很高。

邓小平在军事斗争第一线所表现出的杰出政治、军事才能，也日益受到毛泽东的赏识和器重。

1938 年 1 月 5 日，毛泽东和八路军总部任命邓小平为第一二九师政治委员，同师长刘伯承一道工作。这两个人，毛泽东评价他们，刘伯承举轻若重，邓小平举重若轻。两人从此长期搭档，一直到 1950 年，造就了赫赫有名的"刘邓大军"。之后，在毛泽东的提议下，邓小平又相继和刘伯承担纲晋冀鲁豫野战军、中原野战军、第二野

① 《邓小平年谱（一九〇四—一九七四）》中册，第 806 页

战军，决战淮海，指挥百万雄师横渡长江，进军大西南。

1989年11月20日，邓小平在《对二野历史的回顾》中谈到：淮海战役是二野、三野联合作战，用毛主席的话说，二野三野联合作战，不只是增加一倍两倍的力量，数量变，质量变，这是一个质的变化。淮海战役成立了总前委，由五个人组成，其中三个人是常委，我当书记。毛主席对我说："我把指挥交给你。"这是毛主席亲自交代给我的。淮海战役的部署决策是我根据中央军委和毛主席的指示主持决定的。①

邓小平的卓越才干，得到毛泽东的高度赞扬。1951年9月3日，梁漱溟向毛泽东报告他在四川参加土改的情况和收获，称赞"刘、邓治国有方"，"特别是邓小平，年轻、能干，所见所闻，印象深刻。"毛泽东听后，十分高兴，大加赞扬说："梁先生看得蛮准，无论政治，还是军事，论文论武，邓小平都是一把好手。"

邓小平和毛泽东的合作过程，同朱德、刘少奇、周恩来和毛泽东的合作过程不同。朱德和毛泽东，在井冈山会师后，两个人就成为中国革命的"双星"，毛泽东是"大救星"，朱德是红司令。刘少奇长期做地下工作，是党在白区工作的代表。周恩来很早进入党的领导核心，长期从事国共合作和统一战线工作，经常往来于共产党和国民党

① 《邓小平文选》第三卷，第341、342页

两个心脏之间。邓小平则始终处在军事斗争前线，到党的七大，才当选为中央委员，进入中央委员会。

新中国成立以后，邓小平当了两年西南局第一书记，五年副总理，十年总书记。他作为以毛泽东为核心的第一代中央领导集体的成员，同毛泽东亲密无间，配合默契。

1957 年 11 月初，毛泽东第二次访问苏联，曾经同赫鲁晓夫谈到对我们党的几位领导人的看法。当毛泽东说他准备辞去国家主席的职务时，赫鲁晓夫问“有人接替吗?”毛泽东扳起手指，谈到了刘少奇、邓小平、周恩来、朱德。“第一个是刘少奇。这个人在北京和保定参加了五四运动，后来到你们这里学习，1921 年转入共产党，无论能力、经验还是声望，都完全具备条件了。他的长处是原则性很强，弱点是灵活性不够。”

“第二个是邓小平。这个人既有原则性，又有灵活性，是我们党内难得的领导人才。”

“第三个是周恩来。这个同志在大的国际活动方面比我强，善于处理各种复杂矛盾。他是一个非常精明能干的人，有弱点能自我批评，是个好人。”

“朱德同志年龄大了。他德高望重，但不能指望他主持工作了，年龄不饶人呀!”

赫鲁晓夫虽然是煤矿工人出身，不文不武，但他从毛泽东的介绍中形成了深刻印象。他后来回忆此事时说：“唯一一个毛似乎赞许的同志是邓小平。”赫鲁晓夫还回忆说："我记得毛曾经指着邓对我说：'看见那边那个小个子了吗？他非常聪明，有远大的前程。"

我曾经以两位伟人为主题，写过一副长联。上联是：毛泽东哲人其伟开天辟地建党建国思想光辉万古风流；下联是：邓小平伟人其哲经天纬地改革开放理论智慧千秋气象。

毛泽东是伟大的中国共产党、伟大的中国人民解放军、伟大的中华人民共和国的缔造者，毛泽东领导中国共产党和全国各族人民开辟了中国历史的新纪元，是中华民族伟大复兴的真正奠基者和开拓者，毛泽东的伟大历史功绩是开天辟地。哲人其伟，毛泽东首先是伟大的思想家、理论家，同时是伟大的革命家、战略家，没有毛泽东就没有马克思主义中国化，没有毛泽东就没有新中国。万古风流，毛泽东曾写有"数风流人物还看今朝"的名句，毛泽东是真正的千古风流人物。毛泽东不但属于中国，而且属于世界；不但属于当代，而且属于未来。这就是"毛泽东哲人其伟开天辟地建党建国思想光辉万古风流"。邓小平的伟大历史功绩，是开创了中国改革开放和中国特色社会主义伟大事业的历史新时期。改革开放和中国特色社会主义事业的伟大历史进程，波澜壮阔，前无古人，中国人民和中华民族大踏步地迈上了强国之路，邓小平是中国改革开放和社会主义现代化建设的总设计师，没有邓小平就没有中国的改革开放，没有邓小平就没有马克思主义中国化的新发展。所以讲邓小平经天纬地。伟人其哲，邓小平首先是伟大的革命家、战略家，同时是伟大的思想家、理论家。千秋气象，中国改革开放和中国特色社会主义伟大事业关系国家和民族的前途命运，展现了中华民族的光辉前景，是根本大计、百年大计，将世代传承、生生不息。这就是“邓小平伟人其哲经天纬地改革开放理论智慧千秋气象”。这两位历史伟人的伟大实践，也是理论强党必强、思想富国必富的最好证明。

一个伟大的民族、伟大的政党，开创未来的最重要条件之一，就是尊重自己走过的道路，尊重自己的历史文化，包括尊重自己的伟人。歌德说过，同时代的伟大人物可比喻为空中的巨星，当它们在地平线上出现的时候，我们的眼睛便不禁向他们瞻望。如果我们有幸能分享这种完美的品质，我们便感到鼓舞和受到陶冶。歌德的话，生动而深刻地揭示了伟人和时代的关系。我们纪念伟人的意义，就在这里。

第二章

毛泽东谈邓小平

毛泽东观人论事，始终着眼于战略和全局，始终着眼于党和国家的根本利益、长远利益。这也是毛泽东观察邓小平、评价邓小平、选择邓小平的根本出发点。从这个意义上说，毛泽东选择邓小平，看似偶然，实则必然。以毛泽东在党内的崇高威望，以毛泽东战略家的视野和高度，他对邓小平的评价，一言九鼎。毛泽东的选择、邓小平的分量，加上周恩来、叶剑英、陈云等的积极协助，实质上确立了邓小平的历史地位，为邓小平成为第二代中央领导集体的核心，作了最重要的政治准备。这也是毛泽东晚年为历史留下的最宝贵的政治遗产。

毛泽东和邓小平，两位伟人，心是相通的。在我们党内，真正看懂邓小平、深知深解邓小平的，是毛泽东，知邓莫如毛；而真正读懂毛泽东、理解毛泽东的，是邓小平，知毛莫如邓。

毛泽东很早就注意到了邓小平。1938 年，邓小平讲了一句话："一切都是辩证的，一切都是发展变化的。"毛泽东很欣赏这句话，他认为这句话很厉害，抓住了马克思主义的实质，富有哲理。一连四五年，毛泽东常常提到这句话。[①]

新中国成立以后，毛泽东多次谈到邓小平。

1956 年 9 月 13 日晚，毛泽东主持召开中共七届七中全会第三次会议。毛泽东特别说到邓小平。他说："我看邓小平这个人比较公道，他跟我一样，不是没有缺点，但是比较公道。他比较有才干，比较能办事。他比较周到，比较公道，是个厚道人，使人不那么怕。你说邓小平没有得罪过人，我不相信。但大体说来，这个人比较顾全大局，比较厚道，处理问题比较公正，他犯了错误对自己很严格。他是在党内经过斗争的。"[②]

1959 年 4 月 5 日，毛泽东在上海锦江饭店礼堂主持中共八届七中全会，作题为"工作方法"的讲话，再一次讲到了邓小平。他说："我挂正帅，邓小平为副帅。你们

① 《邓小平交往录》第 5 页，中央文献出版社 2004 年 4 月第一版

② 《毛泽东年谱（1949—1976）》第二卷，第 624—625 页

如果赞成，就照这样办。”“邓小平，你挂帅了，一朝权在手，便把令来行，你敢不敢呀？”①

1966 年 5 月 5 日，毛泽东在上海会见由谢胡率领的阿尔巴尼亚党政代表团，并共进晚餐，周恩来、林彪、邓小平、伍修权参加。在讲到邓小平时，毛泽东说：他是一个懂军事的，你别看他人这么小，可是打南京是他统帅的。打南京是两个野战军，差不多一百万军队。接着打上海，打浙江，打杭州，打江西，打福建，然后他们第二野战军向西占领四川、云南、贵州。这三个省差不多有 1 亿人口。②

1967 年 5 月，毛泽东派汪东兴看望邓小平，转达他的三点意见：第一，要忍，不要着急；第二，刘、邓可以分开；第三，如果有事可以给他写信。邓小平说：外面大字报中提出的许多问题与事实不符，要求同毛泽东当面谈谈。汪东兴将邓小平的要求转报了毛泽东。一天深夜，毛泽东派机要秘书徐业夫接邓小平到住处谈话。谈话中，邓小平向毛泽东详细汇报了他一九三一年离开红七军到上海中共中央汇报工作的情况，并表示接受毛泽东对他和刘少奇派工作组错误的批评。邓小平问以后如有事情要向毛泽东汇报找谁，毛泽东说，可以找汪东兴，也可以给他本人

---

① 《毛泽东年谱（1949—1976）》第四卷，第 11 页

② 《毛泽东年谱（1949—1976）》第五卷，第 584 页

写信。[①]

1968 年 10 月 31 日，毛泽东主持中共八届扩大的十二中全会闭幕会议。最后，毛泽东专门谈到：邓小平，大家要开除他，我对这一点还有一点保留。我觉得这个人，总要使他跟刘少奇有点区别，事实上是有些区别。我这个人的思想恐怕有点保守，不合你们的口味，替邓小平讲几句好话。[②]

1969 年 3 月 22 日，毛泽东在人民大会堂一一八厅召集中央文革碰头会成员和陈毅、李富春、李先念、徐向前、聂荣臻、叶剑英开会。在谈到召开九大的问题时，毛泽东说：政治报告也不要什么都讲，报告上中央文革所有人的名字都不要写，只写我和刘少奇的名字。邓小平与刘少奇要有区别。[③]

1971 年 9 月 10 日，毛泽东同南萍、熊应堂、陈励耘、白宗善谈话，汪东兴参加。在谈到党的历史问题时说：邓小平不同于刘少奇，要有区别。百万雄师过大江，当时有个前委，主要还是邓小平起作用的。[④]

1972 年 1 月 10 日，毛泽东参加陈毅追悼会。追悼会开始前，毛泽东对陈毅家属说：陈毅同志是一个好人，是

① 《毛泽东年谱（1949—1976）》第六卷，第 89 页
② 《毛泽东年谱（1949—1976）》第六卷，第 212 页
③ 《毛泽东年谱（1949—1976）》第六卷，第 237 页
④ 《毛泽东年谱（1949—1976）》第六卷，第 401—402 页

一个好同志。又说，邓小平的问题属于人民内部矛盾。[①]

1972年8月14日，毛泽东在邓小平八月三日来信上批示："请总理阅后，交汪主任印发中央各同志。邓小平同志所犯错误是严重的。但应与刘少奇加以区别。（一）他在中央苏区是挨整的，即邓、毛、谢、古四个罪人之一，是所谓的毛派的头子。整他的材料见《两条路线》、《六大以来》两书，出面整他的人是张闻天。（二）他没历史问题。即没有投降过敌人。（三）他协助刘伯承同志打仗是得力的，有战功。除此以外，进城以后，也不是一件好事都没有做的，例如率领代表团到莫斯科谈判，他没有屈服于苏修。这些事我过去讲过多次，现在再说一遍。"[②]

1973年3月29日，毛泽东在中南海游泳池住地同周恩来、邓小平谈话。毛泽东同邓小平握手时说："努力工作，保护身体。"毛泽东问起这些年是怎么过来的，邓小平说："等待。"这是毛泽东同邓小平分别六年后的第一次会面。晚九时，周恩来根据毛泽东的意见，主持召开中共中央政治局会议，邓小平参加。会议决定，邓小平正式参加国务院业务组的工作，并以国务院副总理身份参加对外活动；有关重要政策问题，邓小平列席政治局会议参加讨论。[③]

---

① 《毛泽东年谱（1949—1976）》第六卷，第424页

② 《毛泽东年谱（1949—1976）》第六卷，第445页

③ 《毛泽东年谱（1949—1976）》第六卷，第473页

1973年8月23日，周恩来在中共中央政治局召集的省市自治区和中央党政军直属机关负责人会议上讲话。在讲到毛泽东强调提拔中青年干部问题时，周恩来说：主席这几年苦心苦意想国家前途、想世界前途。又说：邓小平同志说过，老同志身体不好可以做顾问。主席对邓小平同志的意见很重视，提出组织一个顾问委员会，他当主席。这件事主席跟我一个人讲，我说不行。他又跟政治局的同志讲，大家也都不同意。主席说，你们大家不赞成，我只好鞠躬尽瘁。[①]

1973年12月12日晚，毛泽东主持召开中共中央政治局会议并讲话。毛泽东说：我和剑英同志请邓小平同志参加军委，当委员。是不是当政治局委员，以后开二中全会追认。你[②]呢，我是喜欢你这个人的，咱们中间也有矛盾啊，十个指头有九个没有矛盾，就是一个指头有矛盾。[③]

1973年12月14日晚，毛泽东在中南海游泳池住处同部分政治局成员谈话。在谈到军区司令员对调时，毛泽东说：现在，请了一位军师，叫邓小平。发个通知，当政治局委员，军委委员。政治局是管全部的，党政军民学，

---

① 《毛泽东年谱（1949—1976）》第六卷，第493页

② 指邓小平——编者注

③ 《毛泽东年谱（1949—1976）》第六卷，第510页

东西南北中。我想政治局添一个秘书长吧，你[①]不要这个名义，那就当个参谋长吧。[②]

1973 年 12 月 21 日，毛泽东在中南海住处接见参加中共中央军委会议全体成员。在谈到“文化大革命”中一些受到冲击的老同志时，毛泽东说：邓小平现在是中央政治局委员，军委委员了。他呢，我喜欢他，有些人有点怕他。打起仗来呢，此人还是一个好人啊！[③]

1973 年 12 月 25 日晚上，毛泽东在中南海游泳池住处主持召开中共中央政治局扩大会议，在谈到大军区司令员对调时，毛泽东向大家介绍邓小平。他说：我们现在请了一位总参谋长。他呢，有些人怕他，他是办事比较果断。他一生大概三七开。你们的老上司，我请回来了，政治局请回来了，不是我一个人请回来的。你呢，人家有点怕你，我送你两句话，柔里寓刚，绵里藏针。外面和气一点，内部是钢铁公司。过去的缺点，慢慢地改一改吧。不做工作，就不会犯错误，一做工作，总要犯错误的。不做工作本身也是一个错误。[④]

1974 年 3 月 20 日，毛泽东提议由邓小平担任出席联

① 指邓小平——编者注
② 《毛泽东年谱（1949—1976）》第六卷，第 511 页
③ 《毛泽东年谱（1949—1976）》第六卷，第 514 页
④ 《毛泽东年谱（1949—1976）》第六卷，第 512 页

合国大会第六届特别会议的中国代表团团长。[①]

1974年4月4日，毛泽东在中南海游泳池住处主持召开中共中央政治局会议，讨论邓小平率团出席联大特别会议问题。在谈到邓小平率团出席联大特别会议的行程安排时说：你去到会，个把星期就行了吧。你的参谋长就是他[②]。你去经过法国，回来也经过法国，旧地重游啊！[③]

1974年11月12日，毛泽东在长沙九所六号楼会见南也门总统委员会主席鲁巴伊，邓小平在座。会见鲁巴伊后，毛泽东同邓小平谈话。谈到十月十七日中共中央政治局会议争论情况时，毛泽东说：你开了一个钢铁公司！邓小平说：主席也知道了。毛泽东说：好！邓小平说：我实在忍不住了，不只一次了。毛泽东说：我赞成你！邓小平说：她[④]在政治局搞了七八次了。毛泽东说：强加于人哪，我也是不高兴的，他们[⑤]都不高兴。邓小平说：我主要感觉政治局的生活不正常，最后我到她那里去讲了一下，钢铁公司对钢铁公司。毛泽东说：这个好。邓小平说：最近关于我的工作的决定，主席已经讲了，不应再提什么意见了，但是看来责任是太重了一点。毛泽东说：没

① 《毛泽东年谱（1949－1976）》第六卷，第523页

② 指乔冠华——编者注

③ 《毛泽东年谱（1949－1976）》第六卷，第527页

④ 指江青——编者注

⑤ 指在场的王海容、唐闻生——编者注

办法呢，只好担起来喽，找几个人帮帮忙。我们这个党内也复杂呢，不要紧。第一副总理兼总参谋长，总参谋长没有事做，但是出了危险，就有事做了。①

1974 年 12 月 23 日－27 日，毛泽东在长沙九所六号楼四次听取周恩来和王洪文关于四届人大筹备工作的汇报，又一次谈到邓小平。他说："关于小平的事，我讲了几年了，他说他不如总理细致，我叫他找几个帮手。小平讲不是一次了，忍不住了。小平同志政治思想强，人才难得②。开二中全会补他为常委、副主席，并担任中央军委副主席、国务院第一副总理、总参谋长三个职务。"又说："总理还是我们的总理。你身体不好，四届人大之后，你安心养病，国务院的工作让小平同志去顶。"③

1975 年 4 月 18 日，毛泽东在中南海游泳池住处会见金日成，邓小平在座。毛泽东说，我不谈论政治，由他来跟你谈了，此人叫邓小平，他会打仗，还会反修正主义。红卫兵整他，现在无事了。那个时候打倒了好几年，现在又起来了，我们要他。④

1975 年 5 月 3 日，毛泽东在中南海游泳池住处主持召开中共中央政治局会议。他谈到三十年代中央苏区抵制

---

① 《毛泽东年谱（1949－1976）》第六卷，第 557 页
② 毛泽东当场写了"人才难"三个字和一个"强"字——编者按
③ 《毛泽东年谱（1949－1976）》第六卷，第 562 页
④ 《毛泽东年谱（1949－1976）》第六卷，第 579 页

王明“左”倾错误的“邓、毛、谢、古”事件，指着在座的邓小平说：其他的人都牺牲了。那时我只见过你一面，你就是毛派的代表。①

1975 年 6 月 7 日，毛泽东在中南海游泳池住处会见菲律宾总统马科斯，邓小平在座。会见马科斯后，听取邓小平汇报中共中央政治局会议的情况。毛泽东说：我看有成绩，把问题摆开了。他们几个人现在不行了，反总理、反你、反叶帅。现在政治局的风向快要转了。你要把工作干起来！邓小平回答：在这方面，我还有决心就是了。反对的人总有，一定会有。毛泽东说：木秀于林，风必摧之。②

1975 年 7 月 1 日，毛泽东在中南海游泳池住处会见泰国总理克立，邓小平在座。毛泽东最后说：我现在八十二了，现在一些事要别人管，我管不了那么多了。邓小平是个好人。③

1975 年 7 月初，毛泽东听取邓小平汇报各方面工作。邓小平最后说：我处理这些问题名声不太好，都说我两次讲话叫复辟，说是刘少奇的班底又起来了，有人不高兴。毛泽东说：任劳任怨。你跟刘少奇不一样，两回事。再过两三年就好一些了。邓小平说：有人讲点，有好处，没坏

① 《毛泽东年谱（1949—1976）》第六卷，第 583 页

② 《毛泽东年谱（1949—1976）》第六卷，第 589 页

③ 《毛泽东年谱（1949—1976）》第六卷，第 594 页

处。毛泽东说：是啊，无非是挨骂。我历来都是挨骂的。[①]

1975年7月6日，毛泽东在中南海游泳池住处会见伊拉克副总统马鲁夫，邓小平在座。毛泽东说：你有什么事情可以告诉我们的副总理邓小平。[②]

1975年9月24日，毛泽东在中南海游泳池住处会见黎笋，邓小平在座。毛泽东说：我们现在有领导危机。总理身体不好，一年开过四次刀，危险。康生身体也不好，叶剑英身体也不好，第四个是我。我八十二了！只有他一个壮丁。[③④]

毛泽东谈邓小平，是战略家观察战略家。这种观察，是精微的、细致的，更是宏观的、着眼于大的方面的。毛泽东的雄才大略，同他的知人善任，是相辅相承、相得益彰的。从毛泽东对邓小平的观察和评论中，我们仍然受到深刻启迪：

第一，毛泽东用人，是把实践放在第一位的。毛泽东用人，五湖四海，不拘一格。他既重视实践经验，又重视真才实学；既用贤者，也用能者；既用重厚少文之人，也用品节卓异之士。毛泽东提出的老中青三结合，不仅仅是年龄组合，

---

① 《毛泽东年谱（1949—1976）》第六卷，第596页

② 《毛泽东年谱（1949—1976）》第六卷，第596页

③ 指邓小平——编者注

④ 《毛泽东年谱（1949—1976）》第六卷，第609—610页

也是德才资互补。毛泽东多次谈到邓小平一生的重大经历和重大建树，说明他对干部的实践经验更加重视，更加看重干部解决重大实际问题的能力。毛泽东对邓小平的了解，从根本上说，是以中国革命的长期实践为基础的。

第二，毛泽东用人，是把德放在第一位的。德才兼备是毛泽东的一贯主张。毛泽东多次讲邓小平有才干，讲人才难得；但更重视邓小平的谋国之德，更重视邓小平的担当精神，更重视邓小平的原则性，讲他政治思想强，讲他绵里藏针、柔中寓刚，讲他是个好人。

第三，毛泽东用人，是把大节放在第一位的。毛泽东读史，曾批过观人要论大节的话。毛泽东观人论事，始终着眼于战略和全局，始终着眼于党和国家的根本利益、长远利益。这也是毛泽东观察邓小平、评价邓小平、选择邓小平的根本出发点。从这个意义上说，毛泽东选择邓小平，看似偶然，实则必然。以毛泽东在党内的崇高威望，以毛泽东战略家的视野和高度，他对邓小平的评价，　言九鼎。毛泽东的选择、邓小平的分量，加上周恩来、叶剑英、陈云等的积极协助，实质上确立了邓小平的历史地位，为邓小平成为第二代中央领导集体的核心，作了最重要的政治准备。这也是毛泽东晚年为历史留下的最宝贵的政治遗产。

当年，恩格斯曾经写信给劳·拉法格，幽默地跟他开玩笑说：“我的状况如下：七十四岁，我才开始感觉到它，而工作多需要两个四十岁的人来做。真的，如果我能够把自己分成一个四十岁的弗·恩格斯和一个三十四岁的弗·恩格斯，两人合在一起恰好七十四岁，那么一切都会很快就绪。”①

1977年7月16日—21日，邓小平出席中共十届三中全会。17日，全会一致通过《关于恢复邓小平同志职务的决议》，决定恢复邓小平中共中央委员，中央政治局委员、常委，中央副主席，中央军委副主席，国务院副总理，中国人民解放军总参谋长的职务。21日，邓小平在全会上讲话。他说：作为一名老的共产党员，还能在不多的余年里为党为国家为人民做一点力所能及的事情，在我个人来说是高兴的。出来工作，可以有两种态度，一个是做官，一个是做点工作。我想，谁叫你当共产党人呢，既然当了，就不能够做官，不能够有私心杂念，不能够有别的选择，应该老老实实地履行党员的责任，听从党的安排。②

这一年，邓小平七十三岁。比当年恩格斯的年龄小一岁，而他面临的环境和任务，却严峻艰巨得多。邓小平一生，“三落三起”，他没有辜负毛泽东和中国共产党的厚望，没有辜负祖国和人民的厚望，晚年担当起时代和历史赋予的重责大任，登上了一生事业的巅峰。

---

① 《马克思恩格斯全集》第39卷，第330页

② 《邓小平年谱（1975—1997）》上册，第162页

第三章

战略起点：从解决思想路线问题入手

实践证明，在当时的历史条件下，抓住了思想路线问题，就抓住了拨乱反正的关键，就抓住了凝聚党心、军心、民心的根本，牵一发而动全身。实践证明，党的思想路线的拨乱反正，开启了一次伟大的思想解放运动，成为整个拨乱反正的先导，也成为整个改革开放的先导。

“文化大革命”十年动乱带来的深重灾难，使我们党、我们国家和我们民族付出了沉重的代价。“左”的错误再也不能继续下去了，必须拨乱反正。

邓小平受命于危难之际。他一出来工作，就表现出伟大战略家的远见卓识。面对当时百废待兴、百端待举的复杂情况，他在千头万绪中首先抓住具有决定意义的关键环节，从解决思想路线问题入手。

重新确立和恢复党的实事求是的思想路线，是邓小平开创新时期的战略起点。

1977年2月7日，《人民日报》、《红旗》杂志、《解放军报》发表题为《学好文件抓住纲》的社论，提出“两个凡是”即：“凡是毛主席做出的决策，我们都坚决维护；凡是毛主席的指示，我们都始终不渝地遵循。”社论是经华国锋批准发表的。为了破除“两个凡是”，重新确立党的实事求是思想路线，邓小平以巨大的政治勇气和理论勇气，发表了多次谈话、讲话。

1977年2月，邓小平同前来看望的王震谈话。对“两个凡是”的提法提出异议，认为这不是马克思主义，不是毛泽东思想。①

1977年4月10日，邓小平致信华国锋、叶剑英和中共中央，针对“两个凡是”的错误观点，指出：“我们必须世世代代地用准确的完整的毛泽东思想来指导我们全党、全军和全国人民，把党和社会主义的事业，把国际共产主义运动的事业，胜利地推向前进。”②

1977年4月10日，邓小平同前来看望的汪东兴、李鑫谈中共中央转发他四月十日和一九七六年十月十日致中共中央信的有关情况。在谈话中明确向他们表示：“两个

① 《邓小平年谱（1975—1997）》上册，第155页

② 《邓小平年谱（1975—1997）》上册，第157页

凡是”不行。[①]

1977年5月12日上午，邓小平约方毅、李昌谈科学和教育工作问题。邓小平指出：要从问题堆里找长远的、根本解决问题的东西。为什么要抓理论研究？就是为了这个。讲空话不行，要有具体措施，统一认识。实事求是是毛主席讲的，是马克思主义的态度。懂得这一条就有希望。[②]

1977年5月24日上午，邓小平同王震、邓力群谈话。在谈话中提到前些日子汪东兴、李鑫来看他的事情时，邓小平说：我对他们讲，“两个凡是”不行。按照“两个凡是”，就说不通为我平反的问题，也说不通肯定一九七六年广大群众在天安门广场的活动“合乎情理”的问题。把毛泽东同志在这个问题上讲的移到另外的问题上，在这个地点讲的移到另外的地点，在这个时间讲的移到另外的时间，在这个条件下讲的移到另外的条件下，这样做，不行嘛！毛泽东同志自己多次说过，他有些话讲错了。他说，一个人只要做工作，没有不犯错误的。又说，马恩列斯都犯过错误，如果不犯错误，为什么他们的手稿常常改了又改呢？改了又改就是因为原来有些观点不完全正确，不那么完备、准确嘛。毛泽东同志说，他自己也犯

① 《邓小平年谱（1975—1997）》上册，第157页

② 《邓小平年谱（1975—1997）》上册，第158页

过错误。一个人讲的每句话都对，一个人绝对正确，没有这回事情。这是个重要的理论问题，是个是否坚持历史唯物主义的问题。彻底的唯物主义者，应该像毛泽东同志说的那样对待这个问题。马克思、恩格斯没有说过“凡是”，列宁、斯大林没有说过“凡是”，毛泽东同志自己也没有说过“凡是”。[①]

1977 年 7 月 16 日—21 日，党的十届三中全会在北京召开，全会一致通过《关于恢复邓小平同志职务的决议》。21 日，邓小平讲话，指出：“马克思列宁主义、毛泽东思想，是我们党的指导思想。毛泽东思想继承和发展了马克思列宁主义。我说要用准确的完整的毛泽东思想作指导思想的意思是，要对毛泽东思想有一个完整的准确的认识，要善于学习、掌握和运用毛泽东思想的体系来指导我们各项工作。只有这样，才不至于割裂、歪曲毛泽东思想，损害毛泽东思想。”还说：“把列宁的建党学说发展得最完备的是毛泽东同志。毛泽东同志对于建立一个什么样的党，党的指导思想是什么，党的作风是什么，都有完整的一套。毛泽东同志倡导的作风，群众路线和实事求是这两条是最根本的东西。”[②]

1977 年 8 月 3 日下午，邓小平同胡乔木、于光远、邓力群谈话，商议为他起草在中共十一大的讲话稿、撰写

---

① 《邓小平年谱（1975—1997）》上册，第 159 页

② 《邓小平年谱（1975—1997）》上册，第 162、163 页

一篇关于三个世界的文章等问题。他说："重点是讲民主集中制与作风。民主集中制是我们党的根本制度。讲作风，实际上是对延安作风的阐述。根据延安作风，形成一个又有集中又有民主，又有纪律又有自由，又有统一意志，又有个人心情舒畅、生动活泼，那样一种政治局面。要讲一个学风，一个党风，一个唯物主义认识论，一个民主集中制。'两个凡是'不行。形而上学多了，害死人。""我讲过，不能用毛主席的只言片语损害毛泽东思想体系。讲毛泽东思想，不在引用很多毛主席的话，而在发挥他的根本思想。只是把语录集中起来并不好，不要这样，我向来引用少。"①

1977 年 8 月 12 日—18 日，邓小平出席中国共产党第十一次全国代表大会。18 日下午，在大会上致闭幕词。邓小平指出：我们一定要恢复和发扬毛主席为我们党树立的群众路线的优良传统和作风，真正相信和依靠群众，细心倾听群众呼声，关心群众疾苦，一刻也不脱离群众。我们一定要恢复和发扬毛主席为我们党树立的实事求是的优良传统和作风，做老实人，说老实话，办老实事，这是一个共产党员的起码标准。我们一定要恢复和发扬毛主席为我们党树立的批评和自我批评的优良传统和作风，在党内和整个人民内部，认真实行"知无不言，言无不尽"，"言

① 《邓小平年谱（1975—1997）》上册，第 170 页

者无罪，闻者足戒”的原则，实行团结—批评—团结的方针。我们一定要恢复和发扬毛主席为我们党树立的谦虚谨慎、戒骄戒躁、艰苦奋斗的优良传统和作风，全心全意地为中国人民和世界人民服务。我们一定要恢复和发扬毛主席为我们党树立的民主集中制的优良传统和作风，在全党、全军、全国努力造成一个又有集中又有民主，又有纪律又有自由，又有统一意志，又有个人心情舒畅、生动活泼，那样一种政治局面。①

1977年9月19日上午，邓小平和方毅同刘西尧、雍文涛、李琦等谈教育战线的拨乱反正问题。邓小平指出：一九七一年姚文元修改、张春桥定稿的《全国教育工作会议纪要》里，讲了所谓“两个估计”，即“文化大革命”前十七年教育战线是“资产阶级专了无产阶级的政”，是“黑线专政”；知识分子的大多数“世界观基本上是资产阶级的”，“是资产阶级知识分子”。“两个估计”是不符合实际的。怎么能把几百万、上千万知识分子一棍子打死呢？我们现在的人才，大部分还不是十七年培养出来的？对这个《纪要》要进行批判，划清是非界限。《纪要》是毛泽东同志画了圈的。毛泽东同志画了圈，不等于说里面就没有是非问题了。我们要准确地完整地理解毛泽东思想的体系。毛泽东同志在延安为中央党校题词，就是“实事求

① 《邓小平年谱（1975—1997）》上册，第182页

是”四个大字，这是毛泽东哲学思想的精髓。[①]

1977年9月29日上午，邓小平和邓颖超会见英籍华人作家韩素音。在谈到评《水浒》的情况时，邓小平指出：毛主席并不是针对任何问题讲的。那时他眼睛不好，找人读书，有一次找人读《水浒》，在读的过程中毛主席有些评论，说：《水浒》好就好在暴露了投降派。宋江同高俅的斗争实际上是地主阶级内部的斗争，但《水浒》中有革命派，宋江混进去篡夺了领导权，使农民运动走向投降的道路。《水浒》好就好在这里。金圣叹做了一件坏事，把一百二十回改为七十一回，把暴露宋江投降的一些情节去掉了。所以，如真正了解作者的思想，暴露宋江，应该恢复一百二十回或一百回。毛主席评《水浒》就是这么一个过程，并不是针对哪个人的。后来，“四人帮”歪曲毛主席评《水浒》的意思。一九七五年农业学大寨会议期间，江青以批《水浒》为名，实际上就是批“民主派”、“走资派”和“投降派”。她想借此名义转移会议方向。我报告了毛主席，毛主席听了我的汇报说：简直放屁，文不对题，不要听她的话。我马上打电话制止了。“四人帮”就是干这种事情。他们说宋江夺权把晁盖架空，实际上他们首先是说周总理把毛主席架空，后来又说我把毛主席架

① 《邓小平年谱（1975—1997）》上册，第203、204页

空。这完全是“四人帮”自己制造的。①

1977年10月15日上午，邓小平会见加拿大麦吉尔大学东亚研究中心主任林达光教授和夫人陈恕。在谈到毛泽东思想时，邓小平指出：林彪和“四人帮”把毛泽东思想同马列主义割裂开来，说只有毛泽东思想最好，马列主义不在话下。这表面上好像把毛泽东思想抬得很高，实际上是否定毛泽东思想。正确的解释是，毛泽东思想是继承、捍卫和发展了马克思列宁主义。我们思想的理论基础是马克思列宁主义。马克思主义、列宁主义、毛泽东思想，归根到底是马克思主义。毛主席反对他们搞“大树特树”，真理是在实践中为大家所接受并运用的。根据马列主义的观点，最根本最活跃的因素是生产力。上层建筑要为经济基础服务，两者相互影响，在一定条件下上层建筑起决定作用。②

1978年2月26日下午，邓小平出席第五届全国人民代表大会第一次会议。会议听取华国锋所作的《政府工作报告》。3月2日下午，邓小平出席解放军代表团第一小组会议。他在讲话中指出：要恢复和发扬我们行之有效的政策，恢复和发扬毛主席创立的一套好作风。在谈到风气问题时说：现在不是都在讲作风吗？所谓作风，第一就是

① 《邓小平年谱（1975—1997）》上册，第209、210页

② 《邓小平年谱（1975—1997）》上册，第222页

实事求是，老老实实的态度。对待事情没有实事求是的作风行吗？没有埋头苦干的精神行吗？没有艰苦朴素行吗？军队好是作风好。比如过去打仗，宁可少报战功也不多报，谎报战功要杀头。你看这简单吗？这是非常重要的。要老老实实，不能弄虚作假，自己欺骗自己。现在要发扬这些作风，这是保证实现四个现代化很重要的问题。①

1978 年 5 月 10 日，中央党校内部刊物《理论动态》刊登《实践是检验真理的唯一标准》的文章。5 月 11 日，《光明日报》以特约评论员名义发表这篇文章。12 日，《人民日报》、《解放军报》同时转载，从而引发了一场全国范围的关于真理标准的大讨论。邓小平旗帜鲜明、坚决有力地支持和领导了这场大讨论。

1978 年 5 月 30 日上午，邓小平同胡乔木等谈准备在全军政治工作会议上讲话的内容，提出要着重讲实事求是问题。邓小平指出：有的同志对这次政治工作会议的两个提法提出了不同意见，认为新的历史条件下的政治工作的提法，同华主席讲的新的发展时期的总任务不一致；认为要保证人民解放军的无产阶级性质的提法，同毛主席讲的人民军队的革命本质也不一致。总而言之，就是这么个意见：只要你讲话和毛主席讲的不一样，和华主席讲的不一样，就不行。毛主席没有讲的，华主席没有讲的，你讲

① 《邓小平年谱（1975—1997）》上册，第 271、272 页

了，也不行。怎么样才行呢？照抄毛主席讲的，照抄华主席讲的，全部照抄才行。这不是一个孤立的现象，这是当前一种思潮的反映。这些同志讲这些话的时候，讲毛泽东思想的时候，就是不讲要实事求是，就是不讲要从实际出发。实事求是，从实际出发，很容易被一些同志忘记、抛弃，天天讲毛泽东思想，就是忘记这个根本观点、根本方法。又指出：我在这次会议上的总结发言，准备讲三个问题：第一个问题，就是要讲实事求是是毛泽东思想的根本态度、根本观点、根本方法。着重讲第一个问题。实事求是是马列主义哲学的概括，是马列主义理论、马列主义方法的概括。它同各种机会主义思想都是完全对立的，包括教条主义、经验主义、“左”的右的机会主义和修正主义。要把这个意思写进讲话稿中。这是毛主席经常讲的道理，也是他讲得最多的道理，列宁也讲得很多。我们讲要继承和发扬毛主席为我们培育的优良传统，第一个就是实事求是。归根到底，这是涉及什么是马克思列宁主义，什么是毛泽东思想的问题。毛泽东思想最根本的最重要的东西就是实事求是。现在发生了一个问题，连实践是检验真理的标准都成了问题，简直是莫名其妙！①

1978年6月2日，邓小平出席全军政治工作会议并讲话。邓小平指出：我们一些同志天天讲毛泽东思想，却

---

① 《邓小平年谱（1975—1997）》上册，第319、320页

往往忘记、抛弃甚至反对毛泽东同志的实事求是、一切从实际出发、理论与实践相结合的这样一个马克思主义的根本观点，根本方法。不但如此，有的人还认为谁要是坚持实事求是，从实际出发，理论和实践相结合，谁就是犯了弥天大罪。实事求是，是毛泽东思想的出发点、根本点。毛泽东同志历来坚持要用马列主义的立场、观点、方法来提出问题，分析问题，解决问题。马克思主义的活的灵魂，就是具体地分析具体情况。马列主义、毛泽东思想如果不同实际情况相结合，就没有生命力了。我们领导干部的责任，就是要把中央的指示、上级的指示同本单位的实际情况结合起来，分析问题，解决问题，不能当“收发室”，简单地照抄照转。[①]

1978 年 7 月 21 日，邓小平同中共中央宣传部部长张平化谈话，就真理标准问题的讨论指出：不要再下禁令、设禁区了，不要再把刚刚开始的生动活泼的政治局面向后拉。7 月 22 日下午，同胡耀邦谈话，明确肯定和支持真理标准问题的讨论。指出：《实践是检验真理的唯一标准》这篇文章是马克思主义的。争论不可避免，争得好。引起争论的根源是‘两个凡是’。”[②]

1978 年 8 月 13 日，邓小平同吴冷西谈话，指出：实践是检验真理的唯一标准，是马克思主义的。实践标准那

① 《邓小平年谱（1975—1997）》上册，第 321、322 页

② 《邓小平年谱（1975—1997）》上册，第 345、346 页

篇文章是对的，现在的主要问题是要解放思想。还指出：文化、学术和思想理论战线正在开始执行“双百”方针，但空气还不够浓，不要从“两个凡是”出发，不要设禁区，要鼓励破除框框。[①]

1978 年 8 月 19 日上午，邓小平听取黄镇、刘复之关于文化部清查运动和工作情况的汇报。在谈到理论问题时，他说：理论问题主要是由两篇文章引起的。我说过《实践是检验真理的唯一标准》这篇文章是马克思主义的，是驳不倒的，我是同意这篇文章的观点的，但有人反对，说是反毛主席的，帽子可大啦。另一篇是关于按劳分配问题的文章，我看了，先念同志也看了，提过意见，也是马克思主义的文章。要让人说话，现在刚刚讲了一下，就说是针对毛主席的，那怎么行呢？我说过要完整地准确地掌握毛泽东思想体系，有人反对。问题是从“两个凡是”来的，那时我还没有出来工作。我讲过那不是毛泽东思想，如果毛主席在世也一定反对这种提法。我们做事一定要从实际出发，实事求是，理论联系实际，要认真思考问题，提出问题，解决问题。毛主席没有讲过的话多得很呢。我们不要下通知，划禁区。能够讲问题，能够想问题就好。[②]

1978 年 9 月 16 日上午，邓小平在听取吉林省王恩茂

---

① 《邓小平年谱（1975—1997）》上册，第 357 页

② 《邓小平年谱（1975—1997）》上册，第 359、360 页

等汇报时指出：现在摆在我们面前的问题，关键还是实事求是、理论与实际相结合、一切从实际出发。这是政治问题，是思想问题，也是我们实现四个现代化的现实问题。一切从实际出发，我们的事业才有希望。理论联系实际，就是从实际出发，把实践经验加以概括。不论搞农业，搞工业，搞科学研究，搞现代化，都要实事求是，老老实实。实践是检验真理的唯一标准，这是马克思主义，是毛主席经常讲的。毛主席总是提倡要开动脑筋，开动机器。实事求是很不简单，不是一个小问题，所有的人开动脑筋，就有希望。世界天天发生变化，新的事物不断出现，新的问题不断出现，我们关起门来不行，不动脑筋永远陷于落后不行。总之，实事求是，开动脑筋，要来一个革命。怎么样高举毛泽东思想旗帜，是个大问题。“两个凡是”不是高举毛泽东思想的旗帜。这样搞下去，要损害毛泽东思想。毛泽东思想的基本点就是实事求是，就是把马列主义的普遍原理同中国革命的具体实践相结合，毛泽东思想的精髓就是这四个字。①

1978 年 9 月 17 日上午，邓小平听取曾绍山等汇报时指出：全党全国范围的问题，昨天在长春概括地讲了一下，中心讲实事求是，理论与实际相结合，一切从实际出发。不恢复毛主席树立的实事求是的优良传统和作风，四

① 《邓小平年谱（1975—1997）》上册，第 377、378、379 页

个现代化没有希望。我们要根据现在的国际国内条件，敢于思考问题，提出问题，解决问题。千万不要搞“禁区”。“禁区”的害处是使人们思想僵化，不敢根据自己的条件考虑问题。马克思主义认为，归根到底要发展生产力。我们太穷了，太落后了，老实说对不起人民。我们现在必须发展生产力，改善人民生活条件。一个是实事求是，一个是怎样高举，一个是怎样发展生产力。我们的思想开始活跃，现在只能说是开始，还心有余悸。要开动脑筋，不开动脑筋，就没有实事求是，不开动脑筋，就不能分析自己的情况，就不能从实际出发提出问题，解决问题。在谈到要完整地准确地掌握和运用毛泽东思想体系，不能孤立地摘引毛泽东的话时，指出：这一句、那一句，有些还是假的。即使是真的，还应看是在什么条件、什么时间、什么地点讲的，随便用到别的地方也是不对的。搞语录是从林彪开始的，语录并不能反映毛泽东思想体系。①

1978年9月20日上午，邓小平听取林乎加等汇报，和中国人民解放军北京军区副政治委员罗应怀、天津警备区政治委员曹中南汇报。他在谈话中指出：我走了几个地方，一再讲就是要解放思想，开动机器，不要当懒汉，要从实际出发。大队、小队都有特殊性，不能画框框，不能鼓励懒汉。由于林彪、“四人帮”的干扰破坏，这些年把

① 《邓小平年谱（1975—1997）》上册，第380、381、382页

一些人养成懒汉，写文章是前边摘语录，后边写口号，中间说点事。过去不能碰“禁区”，谁独立思考就好像是同毛主席对着干。实际上毛主席是真正讲实事求是的。[①]

1978 年 10 月 14 日上午，邓小平同韦国清谈话时说：叶剑英提议召开理论工作务虚会，索性摆开来讲，免得背后讲，这样好。实事求是这个问题很重要，不仅领导机关要这样，就是一个小企业、一个生产队也要这样。不解放思想，问题提不出来，也解决不了，生产上不去，生产率也提不高。叶帅说要把《实践是检验真理的唯一标准》这篇文章印发到全国去。实践是检验真理的唯一标准，这本来是马克思主义的基本原则问题，是常识，也有人不赞成，这样的人还不少，甚至连按劳分配也有人说是错的。他又指出：我在东北的讲话，可以在机关少数干部中先讲一讲。要让大家敞开思想讲话，有什么意见都可以提出来，这有好处。要允许发表不同的意见，一定要做到不抓辫子、不打棍子、不戴帽子，真正做到三不主义。要改变那种看气候、看风向说话的倾向。讲话，错了不要紧，不要怕，这是难免的。过去我们在各个根据地，都是按照中央统一的方针，实事求是，一切从实际出发，去分析和解决问题，结果都搞好了。如果不解放思想，不开动机器，不独立思考，那非垮台不可。实事求是问题涉及四个现代

① 《邓小平年谱（1975—1997）》上册，第 387 页

化，涉及党风、民风。[①]

1978 年 11 月，邓小平对谭震林应《红旗》杂志约稿撰写又遭拒登的《井冈山斗争的实践与毛泽东思想的发展》一文，做出批示：我看这篇文章好，至少没有错误。我改了一下，如《红旗》不愿登，可以送《人民日报》登。为什么《红旗》不卷入？应该卷入。可以发表不同观点的文章。看来不卷入本身可能就是卷入。《红旗》杂志一九七八年第十二期刊登了这篇文章。[②]

1978 年 12 月 13 日下午，邓小平在中央工作会议闭幕会上讲话。他指出：解放思想是当前的一个重大政治问题。解放思想，开动脑筋，实事求是，团结一致向前看，首先是解放思想。只有思想解放了，我们才能正确地以马列主义、毛泽东思想为指导，解决过去遗留的问题，解决新出现的一系列问题，正确地改革同生产力迅速发展不相适应的生产关系和上层建筑，根据我国的实际情况，确定实现四个现代化的具体道路、方针、方法和措施。一个党，一个国家，一个民族，如果一切从本本出发，思想僵化，迷信盛行，那它就不能前进，它的生机就停止了，就要亡党亡国。只有解放思想，坚持实事求是，一切从实际出发，理论联系实际，我们的社会主义现代化建设才能顺

① 《邓小平年谱（1975—1997）》上册，第 401、402 页

② 《邓小平年谱（1975—1997）》上册，第 444、445 页

利进行，我们党的马列主义、毛泽东思想的理论也才能顺利发展。从这个意义上说，关于真理标准问题的争论，的确是个思想路线问题，是个政治问题，是个关系到党和国家的前途和命运的问题。[①]

党的十一届三中全会以后，邓小平又多次强调思想路线问题。

1979 年 7 月 28 日上午，邓小平接见白如冰等，并听取白如冰关于山东工作的汇报。他在讲话中指出：思想路线非常重要。没有正确的思想路线，不可能有正确的政治路线。我们的政治路线就是搞四个现代化，四个现代化的思想基础就是辩证唯物主义。实践是检验真理的唯一标准，真理标准的讨论是基本建设，越看越重要，越看意义越大。思想路线问题不解决，政治路线不能贯彻，说拥护政治路线是假的。没有解放思想，实事求是，一切从实际出发，理论与实践相结合，只靠引用几句话，不可能有现在的路线政策，经济不可能搞上去。[②]

1979 年 7 月 29 日上午，邓小平在青岛接见出席中国人民解放军海军委员会常委扩大会议的全体同志的讲话中指出：就全国范围来说，就大的方面来说，通过实践是检验真理唯一标准和“两个凡是”的争论，已经比较明确地解决了我们的思想路线问题，重新恢复和发展了毛泽东同

① 《邓小平年谱（1975—1997）》上册，第 450 页

② 《邓小平年谱（1975—1997）》上册，第 539 页

志倡导的实事求是、理论联系实际、一切从实际出发的思想路线。真理标准问题的讨论，开始的时候反对的人不少，但全国绝大多数干部群众是逐步接受了的。这个争论还没有完，海军现在考虑补课，这很重要。真理标准问题的讨论是基本建设，不解决思想路线问题，不解放思想，正确的政治路线就制定不出来，制定了也贯彻不下去。我们的政治路线就是搞社会主义现代化建设。所以，这场争论的意义太大了，它的实质就在于是不是坚持马列主义、毛泽东思想。[①]

1979年8月9日上午，邓小平接见陈伟达等，听取陈伟达的汇报。他在讲话中指出：我要讲的还是要解放思想。解放思想就是坚持辩证唯物主义。中央各部门需要解放思想，地方也要解放思想，解放思想能量可大了。发展生产力，不解放思想是不行的。关键是发展生产力，增加人民收入，这样社会主义制度的优越性就体现出来了。否则讲过来讲过去，穷得很，有什么优越性。实践是检验真理的标准的问题不是我提出来的。关于检验真理标准的文章，是在《光明日报》登的，开始我没有注意。后来越争论越大，引起了我的兴趣。解决了这个问题，实现四个现代化，才有真正的思想基础。这个问题意义太大了。[②]

邓小平关于实事求是的精辟阐述，对党和国家工作具

---

① 《邓小平年谱（1975—1997）》上册，第540、541页

② 《邓小平年谱（1975—1997）》上册，第544页

有长远指导意义。邓小平善于从问题堆里，找出并抓住最主要的问题，反复抓、抓反复，抓住不放、一抓到底的卓越政治智慧和巨大领导魄力，尤其值得学习。邓小平对实事求是思想路线的阐述，集中在以下三个方面：

第一，“两个凡是”不行，不是马克思主义，不是毛泽东思想。马克思、恩格斯没有说过“凡是”，列宁、斯大林没有说过“凡是”，毛泽东同志自己也没有说过“凡是”。不能用毛主席的只言片语损害毛泽东思想体系，讲毛泽东思想，不在引用很多毛主席的话，而在发挥他的根本思想。

第二，我们必须世世代代用准确的完整的毛泽东思想来指导我们全党、全军和全国人民。要从问题堆里找长远的、根本解决问题的东西。为什么要抓理论研究？就是为了这个。讲空话不行，要有具体措施，统一认识。实事求是是毛主席讲的，是马克思主义的态度。懂得这一条就有希望。实事求是是毛泽东思想的根本态度、根本观点、根本方法。实事求是是马列主义哲学的概括，是马列主义理论、马列主义方法的概括。这是毛主席经常讲的道理，也是他讲得最多的道理，列宁也讲得很多。我们讲要继承和发扬毛主席为我们培育的优良传统，第一个就是实事求是。毛泽东思想最根本的最重要的东西就是实事求是。

第三，我们一定要恢复和发扬毛主席为我们党树立的群众路线的优良传统和作风，实事求是的优良传统和作风，批评和自我批评的优良传统和作风，谦虚谨慎、戒骄戒躁、艰苦奋斗的优良传统和作风，民主集中制的优良传统和作风。努力造成毛主席倡导的又有集中又有民主，又有纪律又有自由，又有统一意志，又有个人心情舒畅、生动活泼，那样一种政治局面。马列主义、毛泽东思想如果不同实际情况相结合，就没有生命力了。我们领导干部的责任，就是要把中央的指示、上级的指示同本单位的实际情况结合起来，分析问题，解决问题，不能当“收发室”，简单地照抄照转。现在摆在我们面前的问题，关键还是实事求是、理论与实际相结合、一切从实际出发。这是政治问题，是思想问题，也是我们实现现代化的现实问题。一切从实际出发，我们的事业才有希望。理论联系实际，就是从实际出发，把实践经验加以概括。实践是检验真理的唯一标准，这是马克思主义，是毛主席经常讲的。毛主席总是提倡要开动脑筋，开动机器。世界天天发生变化，新的事物不断出现，新的问题不断出现，我们关起门来不行，不动脑筋永远陷于落后不行。实事求是，开动脑筋，要来一个革命。

实践证明，在当时的历史条件下，抓住了思想路线问题，就抓住了拨乱反正的关键，就抓住了凝聚党心、军心、民心的根本，牵一发而动全身。实践证明，党的思想路线的拨乱反正，开启了一次伟大的思想解放运动，成为整个拨乱反正的先导，也成为整个改革开放的先导。

1978年12月召开的党的十一届三中全会，果断地做出把党和国家的工作重心转移到经济建设上来和实行改革开放的战略决策，实现了建国以来党的历史上具有深远意义的伟大转折。这次全会标志着我们党重新确立了马克思主义的思想路线、政治路线、组织路线，标志着我们党开创了中国社会主义现代化建设和改革开放的历史新时期，标志着我们党开始形成以邓小平为核心的第二代中央领导集体。

1979年1月，邓小平被美国《时代》周刊评为年度世界风云人物。《时代》周刊在一九七九年第一期序言中说：一个崭新中国的梦想者——邓小平向世界打开了“中央之国”的大门。这是人类历史上气势恢宏、绝无仅有的壮举！

第四章

战略情怀：科学评价毛泽东和毛泽东思想

共产党的伟大之处，不在于不犯错误，而在于能够正确总结经验。陈毅曾经讲过：毛泽东不贰过；我们可以再补一句：邓小平一贯之。毛泽东不重复同样的错误，邓小平一以贯之地坚持自己的基本信念和操守。邓小平曾经强调，政治家眼界要十分宽阔，襟怀要十分宽阔。法国思想家雨果讲过，比大地广阔的是海洋，比海洋广阔的是天空，比天空广阔的是人的思想。毛泽东青年时期说过，丈夫何事足萦怀，要将宇宙看稊米。共产党人以解放全人类为己任，眼光应该看得到整个世界，心中应该装得下整个世界。眼界决定襟怀，襟怀决定格局，格局决定事业。从科学阐述实事求是的思想路线，科学阐述马克思主义的辩证唯物主义和历史唯物主义，到科学评价毛泽东和毛泽东思想，充分展现了邓小平伟大战略家的宽广眼界和博大襟怀，也充分展现了他不可撼动的政治定力和包举宇内的宏大格局。

在拨乱反正、纠正“左”的错误的过程中，对毛泽东和毛泽东思想历史地位的评价，成为摆在全党、全国面前的重大政治问题、全局问题。举什么旗、走什么路、朝着什么方向前进，关系党和国家的前途命运。

邓小平以战略家的情怀和胆识，果断决定，起草《关于建国以来若干历史问题的决议》，确立毛泽东和毛泽东思想的历史地位。邓小平在主持起草《关于建国以来若干历史问题的决议》过程中，曾经九次集中讲了如何正确认识和评价毛泽东和毛泽东思想，在这之前和之后，在各种不同场合，他曾 60 多次讲到毛泽东和毛泽东思想。

1977 年 5 月 24 日上午，邓小平同王震、邓力群谈话。在谈到理论队伍中应提倡和实行民主作风问题时，他指出：这个问题很重要。毛主席讲要百花齐放、百家争鸣。辩证法嘛，不“辩”怎么能“证”呢？经过“辩”才能“证”。民主作风是个党风问题、军风问题、民风问题、学风问题。总的说来是党风问题，是毛主席培养起来的延安作风、延安精神。延安作风、延安精神要恢复，要继承和发扬起来。关于党风问题，马克思和恩格斯由于当时的条件很难有什么建树，列宁有发展，毛主席继承列宁，加以总结、创造，把党风大为发展。我们党很完整的作风，经过延安整风已经建立起来了。现在我们要继承发扬的就是延安时期那一套。①

1977年7月16日—21日，邓小平出席中共十届三中全会。21日，邓小平在全会上讲话，指出：马克思列宁主义、毛泽东思想，是我们党的指导思想。毛泽东思想继承和发展了马克思列宁主义。我说要用准确的完整的毛泽东思想作指导思想的意思是，要对毛泽东思想有一个完整的准确的认识，要善于学习、掌握和运用毛泽东思想的体系来指导我们各项工作。只有这样，才不至于割裂、歪曲毛泽东思想，损害毛泽东思想。②

1977年12月26日上午，邓小平会见澳大利亚共产党③主席希尔和夫人乔伊斯。他指出：三个世界理论的形成过程是从一九七四年开始的，毛主席考虑、观察了几年。过去是讲两个阵营，两个阵营之间有个中间地带——亚非拉。后来，看到一个中间地带不够，还有一个中间地带，即发达国家。这是因为赫鲁晓夫上台后不久，它的对外政策变了，不存在以苏联为首的社会主义阵营了。苏联变成了社会帝国主义。发达的资本主义国家，如西欧、日

① 《邓小平年谱（1975—1997）》上册，第160页

② 《邓小平年谱（1975—1997）》上册，第162页

③ 指马列派——编者注

本有摆脱美国控制的倾向，帝国主义阵营也发生了变化。这年四月间，毛主席决定让我出席联大特别会议，主要是让我去宣布三个世界的思想。三个世界的划分是一个新的战略规定，是一件非常重要的事。①

1978年5月28日上午，邓小平会见阿尔及利亚总统特使阿卜杜勒·卡德尔·扎伊贝克时指出：我们的对外政策，就是根据毛主席关于三个世界划分的战略思想制定的。这个思想指导我们过去、现在和将来的对外政策。其中根本的一条，就是认为第三世界是解决世界事务和进行反帝、反殖、反霸斗争的主力军。由于帝国主义、殖民主义遗留下来一些问题，由于霸权主义的挑拨，第三世界国家之间存在一些小问题，但归根到底，第三世界国家是要联合起来的。我们根本的出发点就是，第三世界要排除各种障碍，无论是内部的还是外部的障碍，联合起来，利用争取到的时间，发展起来。第三世界内部的问题，从长远着眼，宁可放一下，以后慢慢地解决。这样既可以提高第三世界国家的威望，也可以增强第三世界的发言权。②

1978年6月7日上午，邓小平会见蓬沙·巴耶威清为团长的泰国记者访华团。在回答中国向西方开放是否担心会受到西方腐朽思想和生活方式影响时说：不担心这个问题。毛主席过去说过，他开始读孔夫子的书，以后学的

---

① 《邓小平年谱（1975—1997）》上册，第250页

② 《邓小平年谱（1975—1997）》上册，第317页

是资本主义，但他终究是一个共产主义者。归根到底，要看我们的事情搞得好不好。如果人民都知道我们自己走的社会主义道路是正确的，那末，什么影响也不怕。至于有些人，就是没有外国人来，他也会受影响的。人们的眼界开阔些好，这样鉴别是非的能力只能增强，不会减弱。[①]

1978 年 6 月 23 日上午，邓小平会见即将离任的罗马尼亚驻华大使格夫里列斯库。邓小平在谈话时说：毛主席历来主张自力更生，但不排斥吸收外国的先进技术。毛主席历来提倡古为今用、洋为中用。洋为中用是自力更生的一个重要内容。林彪、“四人帮”对这些思想进行了肆意的歪曲。我们党的优良作风之一就是实事求是，这是马克思主义最起码的原则。解决任何问题都要从实际出发，采取科学的、老老实实的态度，一点弄虚作假也不行，事物的本来面目用语言是改变不了的。[②]

1978 年 7 月 17 日上午，邓小平会见英国《开曼群岛指南报》董事长安东尼·詹金森爵士。在谈到人民战争问题时，邓小平指出：我们的战略是毛泽东主席制定的。毛主席的战略思想就是人民战争，过去是正规军、游击队和民兵三结合，现在是野战军、地方军和民兵三结合。搞人民战争并不是不要军队现代化。毛主席在建国初期就提出了要建立强大的陆军、海军和空军，提出军队的现代化。

① 《邓小平年谱（1975—1997）》上册，第 324 页

② 《邓小平年谱（1975—1997）》上册，第 329 页

现在我们搞的四个现代化就包括国防现代化，这是毛主席的思想。[①]

1978年10月3日下午，邓小平同胡乔木、邓力群、于光远谈话，商议对中国工会第九次全国代表大会上的讲话稿修改问题。指出：我曾经问过一些同志，列宁在《共产主义运动中的“左派”幼稚病》中所说的领袖指的是单数还是多数，我说你们引用可得小心，既然列宁所讲的领袖指的是多数，你们引用时就得符合原意。总之，“领袖”这个词，中国人把它神化了。要把领袖变成人，不要把领袖变成神。按照不正常的方法去做，就会损害毛主席的形象。[②]

1978年11月25日下午，邓小平和华国锋、叶剑英、李先念、汪东兴听取中共北京市委和共青团中央负责人汇报天安门事件平反后群众的反映和北京市街头大字报的情况。邓小平指出：我们一定要高举毛主席的伟大旗帜。毛主席的旗帜是全党全军全国各族人民团结的旗帜，也是国际共产主义运动的旗帜。毛主席的伟大功勋是不可磨灭的。我们不能要求伟大领袖、伟大人物、思想家没有缺点错误，那样要求不是马克思主义者的态度。外国人问我，对毛主席的评价，可不可以像对斯大林评价那样三七开？我肯定地回答，不能这样讲。党中央、中国人民永远不会

① 《邓小平年谱（1975—1997）》上册，第344页
② 《邓小平年谱（1975—1997）》上册，第394页

干赫鲁晓夫那样的事。[①]

1978年11月26日上午，邓小平会见佐佐木良作率领的日本民社党第二次访华团，就客人提出的关于中国国内形势问题发表意见。在谈到自力更生和接受外援的关系时，邓小平说：毛主席历来有两句话，自力更生，力争外援。“四人帮”把第二句话丢掉了，而且说，什么东西中国人都能搞出来，吸收外国的东西就是崇洋媚外，所以，把事情搞糟了。但是，人们没有理解为什么毛主席强调自力更生。我们长期以来没有条件接受外国的援助。从建国以后到一九七二年以前，有什么条件？那时你日本给过我们援助吗？美国能给我们吗？欧洲能给我们吗？我们不强调自力更生怎么办？就是那时，毛主席也是讲两句话，不是一句话。[②]

1978年11月27日上午，邓小平会见美国专栏作家罗伯特·诺瓦克，回答有关当时国际形势和中美关系等方面的问题。在谈到对毛泽东、毛泽东思想的评价时，邓小平指出：中国人民都知道，没有毛泽东主席就没有新中国。这个历史是抹不掉的。毛主席从来就提倡把马列主义的真理同中国革命的具体实践相结合，不是照抄照搬某句话。毛主席历来反对本本主义。我们对待毛泽东思想也是

---

① 《邓小平年谱（1975—1997）》上册，第434、435页

② 《邓小平年谱（1975—1997）》上册，第437页

一样。你们大概注意到了，我们提倡要完整地、准确地掌握和运用毛泽东思想。因为有些问题毛主席在世时不可能提出。按照马列主义的原理，我们不能要求任何伟大的人物、伟大的领袖每句话在任何时候都是适用的。①

1978 年 11 月 27 日晚，邓小平和华国锋、叶剑英、李先念、汪东兴听取中共中央工作会议各组召集人的汇报。在大家提出邓小平 11 月 26 日同日本民社党佐佐木良作谈话的十九条可否向干部传达，并根据谈话精神向群众做工作时，邓小平强调：那个谈话的概括基本正确。毛主席的伟大功勋是不可磨灭的。没有毛主席，就没有新中国。毛主席的伟大，怎么说也不过分，不是拿语言可以形容得出来的。毛主席不是没有缺点错误的，我们不能要求伟大领袖、伟大人物、思想家没有缺点错误，那样要求就不是马克思主义者。毛主席讲马克思、列宁写文章就经常自己修改嘛。对毛主席的缺点错误，这个问题是不能回避的，在党内还是讲一讲好。外国人问我，对毛主席的评价，可不可以像对斯大林评价那样三七开？我肯定地回答，不能这样讲。党中央、中国人民永远不会干赫鲁晓夫那样的事。②

1978 年 11 月 28 日上午，邓小平会见美国友好人士斯蒂尔。在谈到西藏问题时，邓小平说：毛主席曾经采取

---

① 《邓小平年谱（1975—1997）》上册，第 437、438 页

② 《邓小平年谱（1975—1997）》上册，第 439、440、441 页

了照顾西藏特殊条件的政策。人民解放军解放西藏，但那里还存在达赖喇嘛的农奴社会。那时我们就跟达赖喇嘛说，西藏地区在相当长的一段时间内不搞土地改革。我们履行了这个诺言。一直到达赖喇嘛跑了，我们才搞了土地改革。[①]

1978年12月13日下午，邓小平在中央工作会议闭幕会上讲话中指出：最近国际国内都很关心我们对毛泽东同志和“文化大革命”的评价问题。毛泽东同志在长期革命斗争中立下的伟大功勋是永远不可磨灭的。没有毛泽东同志的卓越领导，中国革命有极大的可能到现在还没有胜利，我们党就还在黑暗中苦斗。[②]

1979年1月1日下午，邓小平出席全国政协举行的讨论五届全国人大常委会五次会议通过的《全国人民代表大会常务委员会告台湾同胞书》座谈会。他在讲话中指出：毛主席在一九五七年就提出的那种又有集中又有民主，又有纪律又有自由，又有统一意志又有个人心情舒畅、生动活泼的政治局面，在去年逐渐地形成了。这个情况，特别集中地体现在我们党刚刚开过的中央工作会议和十一届三中全会上。这种风气和局面概括起来就叫作生动活泼的政治局面。我们要把这种风气和局面在全国发扬开来、坚持下去，在党、政、军、民各方面发扬开来、坚持

① 《邓小平年谱（1975—1997）》上册，第442页

② 《邓小平年谱（1975—1997）》上册，第451页

下去。这是实现四个现代化的政治基础。没有这样的政治局面，四个现代化是不可能实现的。我们在过去一个相当长的时间里，在民主和集中的关系上搞得不好，民主少了一些，因此，我们更要发扬民主。[①]

1979 年 1 月 24 日上午，邓小平会见美国时代出版公司总编辑多诺万和《时代》杂志驻香港分社社长克拉克。在谈到国外有人谈论中国“非毛化”问题时，邓小平指出：最近我们多次讲，不论现在还是以后，毛泽东思想仍是我们的指导思想，我们有许多基本原则还是毛主席和周总理生前确定的。毛主席并不是没有缺点、错误。如果要求任何一个伟大的人物没有缺点和错误，这不是马列主义，也不是毛泽东思想。有许多事情毛主席生前没有条件提出来，我们现在提出来，这本身不是“非毛化”，根据现实提出问题是完全应该的。我们现在还是按照毛主席、周总理画的蓝图来建设我们的国家，来实行我们的对外政策。[②]

1979 年 3 月 16 日，邓小平在中共中央召开的对越自卫反击战情况报告会上作报告。他指出：我们必须坚决地维护毛主席这面伟大旗帜。这是我们安定团结的一个十分重要的问题，也是一个很重要的国际影响问题。我们写文章，一定要注意维护毛主席这面伟大旗帜，决不能用这样

① 《邓小平年谱（1975—1997）》上册，第 461、462 页

② 《邓小平年谱（1975—1997）》上册，第 473、474 页

那样的方式伤害这面旗帜。否定毛主席，就是否定了中华人民共和国，否定了整个这一段历史。①

1979年3月30日，邓小平在党的理论工作务虚会上发表讲话。他指出：我们将永远高举毛泽东思想的旗帜前进。马克思主义的思想理论工作是不能离开现实政治的。解放思想，就是要运用马列主义、毛泽东思想的基本原理，研究新情况，解决新问题。对四项基本原则，要根据新的丰富的事实做出新的有说服力的论证，这既是重大的政治任务，又是重大的理论任务。②

1979年6月25日上午，邓小平出席第五届全国人民代表大会第二次会议的党内负责人会议。针对一些代表要求对犯错误的高级领导人进行组织处理的问题，邓小平在讲话中指出：在党的历史上，王明路线是“打倒一切”，毛主席树立起了从团结的愿望出发，经过批评和自我批评，达到团结的目的这样一种好传统。我们要给犯错误的同志改正错误的机会。到适当的时候，根据他们这一段的工作表现，根据党的民主集中制原则，再来处理。从此树立一个榜样，以后就按这样办事，按照毛主席的章程办事。③

1979年9月4日，邓小平同胡耀邦、胡乔木、邓力

① 《邓小平年谱（1975—1997）》上册，第492、493页

② 《邓小平年谱（1975—1997）》上册，第501、502、503页

③ 《邓小平年谱（1975—1997）》上册，第526、527页

群谈话，就叶剑英在庆祝中华人民共和国成立三十周年大会的讲话稿的修改问题提出意见。邓小平指出：还是要讲在三十年的历史上毛主席是有伟大功绩的，我们的一切成就是在毛泽东思想照耀下取得的。我们的党、军队和人民是受毛泽东思想的教育，在毛主席领导下建立功勋的。要讲我们有了正面经验，也有了反面经验，两方面的经验经过总结，教育了我们人民，教育了我们党。说明马列主义、毛泽东思想是我们前进的指南，正是因为这样，我们党就站住了，我们社会主义制度也站住了。过去的三十年，是坚持、发扬四项基本原则同背离、破坏四项基本原则的斗争。我们的斗争尽管受到这样那样的干扰、破坏，但我们终于克服了这些干扰、破坏，我们始终是坚持社会主义，坚持无产阶级专政，坚持党的领导，坚持马列主义、毛泽东思想的。要把坚持四项基本原则同三十年的整个历史衔接起来，要在坚持四项基本原则的大前提下写这个讲话。要使人看了这个讲话以后得出一个总的印象，我们的党和人民现在是真正坚持毛泽东思想，是完整、准确地学习、运用毛泽东思想，是真正将毛主席为我们制定的路线、方针、政策付之实现，不是搞片言只语。这是个非常大的问题。①

1980年1月21日，邓小平出席中共中央政治局会

① 《邓小平年谱（1975—1997）》上册，第552、553页

议，就修改《中国共产党章程》问题讲话。邓小平指出：党对各项工作、对国家事务的领导问题，在党章的总纲、组织机构、基层组织等部分里都讲到了。对这个问题，毛主席有过很多论述。要加强党的领导，无非是三个方面：一、方针、政策的领导；二、组织领导，搞好民主集中制，处理好党政、党群以及党和其他组织的关系；三、发挥党员的模范作用。在《关于党内政治生活的若干准则》里，要加这么一条：要有一支具有专业知识的干部队伍。没有专业知识，党员也起不了模范作用。①

1980 年 2 月 5 日上午，邓小平同胡耀邦、胡乔木、邓力群谈对《中国共产党章程》② 二月三日稿的意见。在胡耀邦汇报到总纲中没有提毛泽东的名字时，邓小平说：这个问题是总纲中最大的问题。作为一种科学的语言，马克思主义是可以包括列宁主义和毛泽东思想的，但如果我们的党章中只提马克思主义，不提列宁主义和毛泽东思想，国际上就会有人说我们党的性质变了，国内就牵涉到一个毛泽东思想的问题。所以，要写上中国共产党以马克思列宁主义、毛泽东思想的科学理论作为自己的行动指南。③

1980 年 3 月 19 日上午，邓小平就起草《关于建国以

① 《邓小平年谱（1975—1997）》上册，第 595、596 页

② 指修改草案——编者注

③ 《邓小平年谱（1975—1997）》上册，第 600 页

来党的若干历史问题的决议》、编制长期规划等问题，同胡耀邦、胡乔木、邓力群谈话。他指出：起草历史决议的中心意思应该是三条：第一，确立毛泽东同志的历史地位，坚持和发展毛泽东思想。这是最核心的一条。不仅今天，而且今后，我们都要高举毛泽东思想的旗帜。要写毛泽东思想的历史，毛泽东思想形成的过程。要正确评价毛泽东思想，科学地确立毛泽东思想的指导地位。第二，对建国三十年来历史上的大事，哪些是正确的，哪些是错误的，要进行实事求是的分析，包括一些负责同志的功过是非，要做出公正的评价。第三，通过这个决议对过去的事情做个基本的总结。这个总结宜粗不宜细。总结过去是为了引导大家团结一致向前看。总的指导思想，就是这三条。其中最重要、最根本、最关键的还是第一条。①

1980 年 4 月 1 日，邓小平同胡耀邦、胡乔木、邓力群谈历史决议起草问题。他指出：建国后十七年这一段，有曲折，有错误，基本方面还是对的。社会主义革命搞得好，转入社会主义建设以后，毛泽东同志也有好文章、好思想。再次强调：决议中最核心、最根本的问题，还是坚持和发展毛泽东思想。党内党外，国内国外都需要我们对这一问题加以论证，加以阐述，加以概括。②

1980 年 4 月 11 日上午，邓小平会见美联社驻北京记

① 《邓小平年谱（1975—1997）》上册，第 609、610 页

② 《邓小平年谱（1975—1997）》上册，第 614 页

者约翰·罗德里克。指出：我们强调集体领导，是鉴于国际的经验和我们自己的经验。延安的经验是很好的，那时是集体领导。集体领导并不排除某一个主要领导人的特殊作用，毛主席就是这样突出的典型。毛主席是非常尊重集体领导的，当然后来有某些缺点。[①]

1980年4月12日上午，邓小平会见赞比亚总统肯尼思·戴维·卡翁达。邓小平指出：我们的现行政策基本上还是遵循毛主席制定的政策，可以说是恢复毛泽东思想的本来面目。在对外政策方面，我们还是坚持毛主席制定的三个世界划分的理论。当然在处理复杂的国际问题时，每个时期有每个时期的具体问题。改善同美国的关系、同欧洲的关系、同日本的关系，就是根据这个思想。[②]

1980年5月5日中午，邓小平会见并宴请几内亚人民革命共和国总统艾哈迈德·塞古·杜尔。他在谈话中说：各个国家应该根据自己的特点来实行社会主义的政策。像中国这样的大国，也要考虑到国内各个不同地区的特点才行。在搞社会主义方面，毛泽东主席的最大功劳是将马克思列宁主义的普遍原理同中国革命的具体实践结合起来。我们最成功的是社会主义改造。根据我们自己的经验，讲社会主义，首先就要使生产力发展，这是主要的。只有这样，才能表明社会主义的优越性。社会主义经济政

① 《邓小平年谱（1975—1997）》上册，第618页

② 《邓小平年谱（1975—1997）》上册，第619页

策对不对，归根到底要看生产力是否发展，人民收入是否增加。这是压倒一切的标准。[①]

1980 年 6 月 27 日，邓小平同胡耀邦、赵紫阳、胡乔木、姚依林、邓力群谈对历史决议稿的意见。他指出：决议草稿看了一遍。不行，要重新来。我们一开始就说，要确立毛泽东同志的历史地位，坚持和发展毛泽东思想，现在这个稿子没有很好体现原先的设想。要说清楚关于社会主义革命和社会主义建设，毛泽东同志有哪些贡献。他的思想还在发展中。我们要恢复毛泽东思想，坚持毛泽东思想，以至还要发展毛泽东思想，在这些方面，他都提供了一个基础。要把这些思想充分地表达出来。重点要放在毛泽东思想是什么、毛泽东同志正确的东西是什么这方面。错误的东西要批评，但是要很恰当。单单讲毛泽东同志本人的错误不能解决问题，最重要的是一个制度问题。毛泽东同志说了许多好话，但因为过去一些制度不好，把他推向了反面。毛泽东同志的错误在于违反了他自己正确的东西。封建主义残余影响的问题要讲一讲，也要讲得恰当。结语写一段我们还要继续发展毛泽东思想。[②]

1980 年 8 月 18 日下午，邓小平出席中共中央政治局扩大会议并讲话。他指出：我们过去发生的各种错误，固然与某些领导人的思想、作风有关，但是组织制度、工作

---

① 《邓小平年谱（1975—1997）》上册，第 629 页

② 《邓小平年谱（1975—1997）》上册，第 649、650 页

制度方面的问题更重要。这方面的制度好可以使坏人无法任意横行，制度不好可以使好人无法充分做好事，甚至会走向反面。即使像毛泽东同志这样伟大的人物，也受到一些不好的制度的影响，以至对党对国家对他个人都造成了很大的不幸。以往的教训是极其深刻的。不是说个人没有责任，而是说领导制度、组织制度问题更带有根本性、全局性、稳定性和长期性。这种制度问题，关系到党和国家是否改变颜色，必须引起全党的高度重视。①

1980年8月21日、23日，邓小平用两个上午，接受意大利记者奥琳埃娜·法拉奇采访，回答她的提问。21日上午，在回答天安门上的毛主席像是否要永远保留下去的问题时，邓小平说：永远要保留下去。我们要对毛主席一生的功过作客观的评价。我们将肯定毛主席的功绩是第一位的，他的错误是第二位的。没有毛主席，至少我们中国人民还要在黑暗中摸索更长的时间。我们要实事求是地讲毛主席后期的错误。我们还要继续坚持毛泽东思想。毛泽东思想是毛主席一生中正确的部分。毛泽东思想不仅过去引导我们取得革命的胜利，现在和将来还应该是中国党和国家的宝贵财富。②

1980年10月25日，邓小平同胡乔木、邓力群谈话。首先谈了对历史决议讨论稿的修改问题。他指出：毛泽东

① 《邓小平年谱（1975—1997）》上册，第662、663页

② 《邓小平年谱（1975—1997）》上册，第665、666页

思想这个旗帜丢不得。丢了这个旗帜，实际上就否定了我们党的光辉历史。对毛泽东同志的评价，对毛泽东思想的阐述，不是仅仅涉及毛泽东同志个人的问题，这同我们党、我们国家的整个历史是分不开的。要看到这个全局。决议稿中阐述毛泽东思想这一部分不能不要，这不只是个理论问题，尤其是个政治问题，是国际国内的很大的政治问题。如果不写或写不好这个部分，整个决议就不如不做。基本点还是那些。从许多方面来说，现在我们还是把毛泽东同志已经提出、但是没有做的事情做起来，把他反对错了的改正过来，把他没有做好的事情做好。今后相当长的时期，还是做这件事情。当然，我们也有发展，而且还要继续发展。对于错误，包括毛泽东同志的错误，一定要毫不含糊地进行批评，但是一定要实事求是，分析各种不同的情况，不能把所有的问题都归结到个人品质上。[①]

1980 年 11 月 24 日上午，邓小平在会见圣地亚哥·卡里略率领的西班牙共产党代表团时说：什么叫毛泽东思想？毛泽东思想就是把马列主义普遍真理同中国的具体实践相结合，根据中国的实际，运用马列主义原理，寻求自己革命的道路，包括方式。毛泽东同志最伟大的功绩就是这一条。他根据中国的实际情况，提出了农村包围城市的战略方针，通过长期武装斗争，夺取了全国革命的

① 《邓小平年谱（1975—1997）》上册，第 684 页

胜利。①

1980年11月26日上午，邓小平在会见罗马尼亚政府总理伊利耶·维尔德茨时指出：我们正在搞一个关于若干历史问题的决议，要对三十一年的历史作个总结。这是党内外的普遍要求。过去的问题已经结束了，需要作个总结，不走这一步不行。许多人，特别是青年人，看“文化大革命”那一段多一些，而没有看到整个历史；看了十年，而没有看到整个五十九年的党史，没有看到毛泽东同志的整个贡献。这涉及对毛泽东同志的一生如何评价问题，我们必须现在解决，不能由后代来解决，因为他们不了解整个历史。②

1981年1月26日下午，邓小平在会见澳大利亚外交部部长安东尼·奥斯汀·斯特里特时指出：世界上有人议论，说我们搞“非毛化”。我们没有搞“非毛化”，我们坚持毛泽东思想。毛主席在晚年确实有很大的错误，也要讲清楚。讲清楚的好处是可以教育我们的人民和后代，也教育我们自己。但毛主席的历史功绩不能抹煞。毛泽东思想是历史形成的，是在四十年代我们党的全国代表大会上肯定的，是以毛主席为代表的老一辈无产阶级革命家集体智慧的结晶。毛泽东思想指导中国革命取得了胜利，这个财

① 《邓小平年谱（1975—1997）》上册，第692页

② 《邓小平年谱（1975—1997）》上册，第694、695页

富我们不能丢。既然我们坚持毛泽东思想，怎么能说是“非毛化”？我们要写个文件，主要是总结建国以来的历史经验，肯定要坚持毛泽东思想，肯定毛主席的功绩是第一位、错误是第二位。要把过去的问题讲清楚。要有一个统一的认识。通过这次审判“四人帮”和这个文件的公布，把过去的问题了结了，不再纠缠。[①]

1981 年 2 月 11 日下午，邓小平出席中共中央政治局会议，讨论对外政策问题。他在谈到对第三世界的政策时指出：三个世界的划分，是毛主席晚年提出来的，是重要的贡献，我们实际上是根据毛主席这个思想做的。对第三世界的工作，今后要加强。由于我们自己还很困难，对第三世界的援助数额不可能增加，但各种层次的友好访问和民间来往要增加。[②]

1981 年 2 月 12 日下午，邓小平会见随密特朗来访的法国记者。在回答关于对毛泽东的评价问题时指出：我们始终要坚持毛泽东思想。毛泽东主席在晚年确有错误，但是，就他一生来说，他对中国人民、中国革命的贡献是非常伟大的。他的功劳是第一位的，而他的错误，尽管我们要讲清楚，但毕竟是第二位的。[③]

1981 年 3 月 9 日，邓小平在同邓力群等谈话时指出：

---

① 《邓小平年谱（1975—1997）》下册，第 709、710 页

② 《邓小平年谱（1975—1997）》下册，第 711、712 页

③ 《邓小平年谱（1975—1997）》下册，第 713 页

送给我的历史决议的历史部分，看过了。总的讲，决议稿对缺点错误讲得多，成绩讲得少，鼓舞人们提高信心、提高勇气的力量不够。问题最大的是“文化大革命”前十年部分。现在稿子的调门不符合原先设想的方针。看完后，给人的印象是错误都是老人家一个人的，别人都对。我说过多次了，不能说成别人都对，只有一个人是错误的，这个人就是毛主席。历史不是这样的。这不符合实际。那时的错误，大家都有责任，主要是因为当时我们没有经验。“文化大革命”十年，错误写得差不多了。应该承认，老人家还是看到了党的缺点错误，还是想改正，但是他对情况估计错了，采取的方法错了，因而给党和国家造成了严重的危害。中心是对老人家的评价问题，是毛泽东思想的历史地位问题。错误讲过分了，对毛主席和毛泽东思想的评价不恰当，国内人民不能接受，国际上也有相当一部分人不能接受。[①]

1981 年 3 月 18 日上午，邓小平在听取邓力群、吴冷西汇报胡乔木对历史决议稿的修改意见时指出：我最早提出写建国以来若干历史问题的决议，第一位的任务，是树立毛泽东同志和毛泽东思想的历史地位。这个问题写不好，决议宁可不写。在这一点上站住了，决议才能拿出去。这是中心，是关键。写好这个问题，才叫实事求是地

① 《邓小平年谱（1975—1997）》下册，第 718、719 页

分清建国以来党的历史上的是和非、对和错，包括个人的功过。建国头七年的成绩是大家一致公认的。我们的社会主义改造是搞得成功的，很了不起。这是毛泽东同志对马克思列宁主义的一个重大贡献。今天我们也还需要从理论上加以阐述。当然缺点也有。从工作来看，有时候在有的问题上是急了一些。“文化大革命”前的十年，应当肯定，总的是好的，基本上是在健康的道路上发展的。这中间有过曲折，犯过错误，但成绩是主要的。[①]

1981 年 3 月 24 日上午，邓小平在会见坦桑尼亚总统朱利叶斯·克·尼雷尔时指出：现在，不仅国际上，我们国内也有人说我们在搞“非毛化”。如果真搞“非毛化”，那就要犯历史性的错误。中国革命的历程已经证明，如果没有毛泽东同志的领导，中国人民至少还要在黑暗中摸索很多年才能取得胜利。所以我们说要正确评价毛主席。毛主席的一生，成绩是第一位的，错误是第二位的。他在后期确实有不少错误，特别在“文化大革命”的问题上。“文化大革命”前，毛主席也有些失误，比如说“大跃进”，但这些失误的责任不能只放在他一个人头上，我们这些人也要负责任，因为当时我们也参加了中央领导。就我来说，我也要负责，否则不公道。“文化大革命”前，毛主席的主导方面是正确的。毛主席确实丰富了马克思主

① 《邓小平年谱（1975—1997）》下册，第 721 页

义，给马克思主义增添了许多新的内容。即使在“文化大革命”中，尽管毛主席确实错误不小，但他的好多见解也是正确的。比如，在对外政策方面，他提出了三个世界的划分，反对霸权主义，确定中国永不称霸，确定中国永远属于第三世界。这些思想都是很好的，将继续成为我们的指导思想。经历了“文化大革命”的灾难，我们必须总结经验教训，正确评价毛主席的各个方面，目的还是要坚持毛泽东思想。这对指导我们今后的工作是很必要的。[①]

1981 年 3 月 26 日，邓小平同邓力群谈话，向邓力群转告了陈云对正在起草的《关于建国以来党的若干历史问题的决议》的两点意见，说：这些意见很好，请转告起草小组，并报告胡耀邦。历史决议中关于毛泽东同志对马克思主义哲学的贡献，要写得更丰富，更充实。结束语中也要加上提倡学习的意思。[②]

1981 年 4 月 7 日上午，邓小平在同胡乔木、邓力群谈话时指出：我们对已经取得的成绩要充分肯定，对毛泽东同志，要维持原来正确的评价。不这样，就是给党、给社会主义制度、给国家抹黑，就会使人民对党、对社会主义事业丧失信心。中华人民共和国成立后，中国在世界上的地位才大大提高，中国人才在世界上站起来了，除台湾

① 《邓小平年谱（1975—1997）》下册，第 724、725 页

② 《邓小平年谱（1975—1997）》下册，第 726 页

外，其他地区才真正实现了统一。[①]

1981年4月17日—19日，邓小平在沈阳接待对中国进行内部访问的朝鲜劳动党中央委员会总书记、国家主席金日成。就毛泽东、毛泽东思想的评价问题，邓小平指出：这个问题在中共党内、在中国人民中是个很大的问题。很多人不知道我们党的历史，我们是怎样奋斗的，怎样成功的，他们不清楚。他们只看到“文化大革命”、“四人帮”，因此对毛主席持否定态度。我提出完整地准确地掌握和运用毛泽东思想，全党接受了。我们坚持毛泽东思想的科学体系，不是坚持只言片语。对毛主席和毛泽东思想的评价，意见很多，经过多次反复。评价毛主席，现在讲功绩是第一位的，错误是第二位的，普遍地能接受。至于毛泽东思想，是另一个概念。它是在建党以后，尤其在遵义会议以后逐渐形成的，我们党的七大肯定了毛泽东思想。那时说，毛泽东思想是马克思列宁主义理论和中国革命实践之统一的思想，就是这个概念。年轻人不懂得这个历史。毛泽东思想是中国革命经验的总结，对世界也有贡献。中华人民共和国成立前，毛泽东思想引导中国革命取得胜利，是中国人民的宝贵财富。建国后，毛泽东思想还有发展。我们要坚持毛泽东思想，像坚持马列主义一样坚

① 《邓小平年谱（1975—1997）》下册，第730页

持毛泽东思想。[①]

1981年5月15日上午，邓小平会见津巴布韦总理罗伯特·穆加贝。在谈到对毛泽东和毛泽东思想的评价问题时，邓小平说：这是我们现在正在做的一件重要的事情。这个问题弄清楚，对我们以后的发展，怎样搞得更快一些、更好一些，很有关系。不弄清楚，总会有来自“左”的或右的方面的干扰。毛主席最大的弱点是在社会主义建设中忽视生产力的发展。我们坚持社会主义道路，就要发挥社会主义的优越性，就要发展生产力，改善人民的生活。进行社会主义改造，不能破坏生产力，而应大力促进生产力的发展。[②]

1981年5月19日下午，邓小平出席中共中央政治局扩大会议，讨论《关于建国以来党的若干历史问题的决议》。他在讲话中指出：决议的中心是两个问题，一个是毛泽东同志的功绩是第一位，还是错误是第一位？第二，我们三十二年，特别是“文化大革命”前十年，成绩是主要的，还是错误是主要的？是漆黑一团，还是光明是主要的？还有第三个问题，就是这些错误是毛泽东同志一个人的，还是别人也有点份？这个决议稿中多处提到我们党中央要承担责任，别的同志要承担点责任，恐怕这比较合乎

① 《邓小平年谱（1975—1997）》下册，第733、734页
② 《邓小平年谱（1975—1997）》下册，第740、741页

实际。第四，毛泽东同志犯了错误，这是一个伟大的革命家犯错误，是一个伟大的马克思主义者犯错误。[①]

1981年6月22日下午，邓小平出席中共十一届六中全会预备会各小组召集人碰头会。在评价《关于建国以来党的若干历史问题的决议》稿时，邓小平指出：总的来说，这个决议是个好决议，现在这个稿子是个好稿子。我们原来设想，这个决议要高举毛泽东思想的伟大旗帜，实事求是地、恰如其分地评价“文化大革命”，评价毛泽东同志的功过是非，使这个决议起到像一九四五年那次历史决议所起的作用，就是总结经验，统一思想，团结一致向前看。我想，现在这个稿子能够实现这样的要求。核心问题是对毛泽东同志的评价，稿子的分寸是掌握得好的。比如提不提毛泽东同志的错误是路线错误，就有个分寸问题。我们不提路线斗争，是考虑到路线斗争、路线错误这个提法过去我们用得并不准确，用得很多很乱。还有一个理由，过去党内长期是这样，一说到不同意见，就提到路线高度，批判路线错误。所以，我们要很郑重地来对待这个问题，这是改变我们的党风的问题。党内斗争是什么性质就说是什么性质，犯了什么错误就说是什么错误，讲它的内容，原则上不再用路线斗争的提法。这个决议开个先例，以后也这么办。为什么这次我们要强调恰如其分？就

---

① 《邓小平年谱（1975—1997）》下册，第742页

是在前一段时间里，对毛泽东同志有些问题的议论讲得太重了，应该改过来。这样比较合乎实际，对我们整个国家、整个党的形象也比较有利。过去有些问题的责任要由集体承担一些，当然，毛泽东同志要负主要责任。我们说，制度是决定因素，那个时候的制度就是那样。那时大家把什么都归功于一个人。有些问题我们确实也没有反对过，因此也应当承担一些责任。当然，在那个条件下，真实情况是难于反对。但是，不能回避“我们”，我们承担一下责任没有坏处，还有好处，就是取得教训。[①]

1981年7月18日上午，邓小平在会见香港《明报》社长查良镛时指出：起草若干历史问题的决议，是因为在党内、人民当中，接触中国的历史，有两个问题不能回避。一个“文化大革命”的问题，一个毛主席和毛泽东思想的问题。毛主席的问题，还不只是中国的问题，在全世界都有影响，特别是第三世界，在毛主席的影响下进行革命，主要是进行民族革命，当然不是社会主义革命。我们要总结经验，对历史问题做出实事求是的恰如其分的分析。不这样的话，思想统一不起来，认识统一不起来。总结经验，统一认识，在这个基础上团结一致向前看，这是写这个决议的目的。有了一个统一的结论性的东西，今后对历史问题就不再说了，一心一意搞建设。[②]

---

① 《邓小平年谱（1975—1997）》下册，第750、751页

② 《邓小平年谱（1975—1997）》下册，第759页

1981 年 7 月 19 日上午，邓小平会见美国前总统国家安全事务助理兹比格涅夫·布热津斯基，在谈到毛泽东在中国革命历史上的地位和作用时，邓小平说："毛主席"这一称呼，在江西根据地就有。那时他是中华苏维埃临时中央政府主席，就这样一直称呼下来了。称他"毛主席"，反映了人民对他的尊敬和爱戴。他确实在几个重要的关键时刻挽救了革命。[①]

1981 年 11 月 13 日上午，邓小平在会见南斯拉夫《信使报》记者达拉·雅奈科维奇时指出：我们一直高度评价毛泽东同志对马克思主义的贡献。他把马列主义的普遍原理运用到中国革命的具体实践，从而取得中国革命的胜利。毛泽东同志在长期的革命斗争中为我们党和国家建立了一整套理论、路线、方针、政策。整个抗日战争时期，延安时代，从哲学到政治、经济以及党的建设方面，毛泽东同志有很大的创造。但是很遗憾，他晚年犯了一些错误。这些错误本身也违背了他过去的思想。现在我们所做的就是要恢复毛泽东思想的本来面目。毛泽东思想是马列主义同中国实际相结合的产物。[②]

1982 年 3 月 26 日上午，邓小平会见哈默博士。在谈到客人的生活阅历时，邓小平说：你与社会主义国家打交道有几十年了，从二十几岁与列宁打交道算起，已经有六

① 《邓小平年谱（1975—1997）》下册，第 760 页

② 《邓小平年谱（1975—1997）》下册，第 783、784 页

十年了。我们要向你学习些经验，通过与你们合作，可以学到一些克服官僚主义的办法。美国有个最大特点是讲求实际，现在是不是比过去差一点了。你是第一个与列宁接触的美国人。那时你还是一个二十三岁的小伙子。由此可以看到美国人讲求实际的精神。我们要把毛主席提倡的实事求是的精神贯彻到制定政策、实行政策的各个方面。过去空话太多，没有益处。①

1982年4月29日下午，邓小平由金日成陪同，观看大型团体操《人民歌颂领袖》。在中间休息时，邓小平表示：这是很好的革命传统教育教材。在毛主席九十诞辰时，我们要重演《东方红》，当然有些内容需要修改和调整。②

1983年1月11日上午，邓小平在会见巴勃罗·戈麦斯率领的墨西哥统一社会党代表团时说：各国党要根据自己的实际，决定自己的政策，才能取得成功。列宁干成了十月革命，这是不是马克思主义？当然是马克思主义。但他是根据俄国的特点来实行马克思主义，也就是根据当时俄国的实际情况来决定自己的政策，所以干成了十月革命，所以有列宁主义。如果列宁不按照俄国的实际情况，而是照搬马克思主义的经典语言，能有十月革命的胜利吗？中国革命的胜利是十月革命后国际共运中最重大的事

① 《邓小平年谱（1975—1997）》下册，第807、808页
② 《邓小平年谱（1975—1997）》下册，第819、820页

件，如果照搬马克思列宁主义的经典语言，而不是按照毛泽东同志提出的把马列主义同中国革命的实践相结合，根据中国的实际决定自己的革命道路，采取自己的斗争方式，结果会怎么样呢？那就没有中国革命的胜利。[①]

1983 年 6 月 21 日上午，邓小平会见民主柬埔寨领导人。在谈到中国统一问题时，邓小平说：在一个统一的国家内，有不同的社会制度，这是史无前例的。实际上，真正统一了，台湾一个制度，香港一个制度，大陆一个制度，大陆是社会主义制度。以社会主义制度为主体的国家包含不同的制度，马克思没有讲过这个问题，我们大胆地提了。如果不这样设想，绝对不可能统一。这样的设想是符合马克思主义的历史唯物主义和辩证唯物主义的，是符合毛主席的实事求是精神的。历史上理解马克思主义最好的是列宁和毛泽东，他们根据马克思主义把本国革命引向胜利，核心就是实事求是。[②]

1983 年 8 月 22 日，为庆祝中央人民广播电台儿童广播剧团成立三十周年，邓小平题词："照毛主席的话做：好好学习，天天向上。"[③]

1983 年 8 月底，邓小平在住地听取胡乔木汇报当前思想领域里的一些情况时指出：有的人说"文化大革命"

① 《邓小平年谱（1975—1997）》下册，第 881 页
② 《邓小平年谱（1975—1997）》下册，第 914 页
③ 《邓小平年谱（1975—1997）》下册，第 925 页

是异化，其实这是个特殊情况，不是社会主义一定要有“文化大革命”。怎么能把社会主义社会出现的一些不良现象都说成异化呢？如果社会主义自身不断产生敌对的东西，这还叫什么社会主义？又指出：还有人说从一九四〇年以后才讲五四运动是马克思主义思想领导的，还有人说五四运动不是马克思主义思想领导的，而是资产阶级个人主义思想领导的。实际上这是在批评《新民主主义论》，只是没有点出名来。事实上五四时期就有了马克思主义的传播。毛主席在《新民主主义论》中讲，中国的民主革命在十月革命和五四运动以后，只能由无产阶级领导。这个论断是正确的。[①]

1983年11月6日上午，邓小平会见澳大利亚共产党[②]主席希尔和夫人。在谈到中国党的历史时，邓小平说：我们很注意总结自己的经验。中国党是一个老党。我们党的整个历史的确是光荣的，经过那样艰巨的斗争才取得革命的胜利，这是一件了不起的事情。在取得革命胜利以前毛主席的领导一直非常正确，从马克思主义的历史来说，的确是光辉的。我们这一代人都是在他的领导下成长起来的。但是从五十年代开始，严格地说从一九五七年开始，的确是有些地方不行了。概括说来，就是一个“左”字。同一些老同志、党的骨干的关系也不好了。这样的问

① 《邓小平年谱（1975—1997）》下册，第928页

② 指马列派——编者注

题不能归咎于毛主席一个人。因为这与党的生活和制度也有关系。延安时期我党的一系列方针、政策和建党思想非常好，但是没有形成一套制度。①

1984 年 6 月 30 日上午，邓小平在会见前来参加第二次中日民间人士会议的日本委员会代表伊东正义、冈田春夫、向坊隆和代表团其他成员时指出：从党的十一届三中全会开始，我们制定了正确的思想路线、政治路线、组织路线和一系列的方针、政策。思想路线就是坚持马克思主义，坚持把马克思主义同中国实际相结合，也就是坚持毛泽东同志说的实事求是，坚持毛泽东同志的基本思想。坚持马克思主义对中国十分重要，坚持社会主义对中国也十分重要。对马克思主义的信仰，是中国革命胜利的一种精神动力。中国搞资本主义不行，必须搞社会主义。如果不搞社会主义，而走资本主义道路，中国的混乱状态就不能结束，贫困落后的状态就不能改变。②

1984 年 10 月 26 日上午，邓小平在会见马尔代夫总统穆蒙·阿卜杜勒·加尧姆时指出：我们取得的成就，如果有一点经验的话，那就是这几年来重申了毛泽东同志提倡的实事求是的原则。中国革命的成功，是毛泽东同志把马克思列宁主义同中国的实际相结合，走自己的路。③

① 《邓小平年谱（1975—1997）》下册，第 943 页
② 《邓小平年谱（1975—1997）》下册，第 985 页
③ 《邓小平年谱（1975—1997）》下册，第 1010 页

1984年11月1日上午，邓小平出席中央军委座谈会并讲话。他指出：讲战争危险，从毛主席那个时候讲起，讲了好多年了，粉碎“四人帮”后我们又讲了好久。现在我们应该真正冷静地做出新的判断。这个判断，对我们是非常重要的。首先就是我们能够安安心心地搞建设，把我们的重点转到建设上来。没有这个判断，一天诚惶诚恐的，怎么能够安心地搞建设？更不可能搞全面改革，也不能确定我们建军的正确原则和方向。即使战争爆发，我们也要消肿。肿，就是表现我们指导战争的能力不高。不消肿就不能应对战争。[①]

1984年12月19日下午，邓小平出席中英两国政府《关于香港问题的联合声明》签字仪式，并会见英国首相撒切尔夫人。在同撒切尔夫人谈话时，邓小平指出：我们两国的领导人就香港问题达成协议，为各自的国家和人民做了一件非常有意义的事情。如果“一国两制”的构想是一个对国际上有意义的想法的话，那要归功于马克思主义的辩证唯物主义和历史唯物主义，用毛泽东主席的话来讲就是实事求是。这个构想是在中国的实际情况下提出来的。中国面临的实际问题就是用什么方式才能解决香港问题，用什么方式才能解决台湾问题。采用和平方式解决香港问题，就必须既考虑到香港的实际情况，也考虑到中国

① 《邓小平年谱（1975—1997）》下册，第1012页

的实际情况和英国的实际情况，就是说，我们解决问题的办法要使三方面都能接受。人们担心中国在签署这个协议后，是否能始终如一地执行，我们不仅要告诉阁下和在座的英国朋友，也要告诉全世界的人：中国是信守自己的诺言的。①

1985年4月15日上午，邓小平在会见坦桑尼亚副总统阿里·哈桑·姆维尼时指出：现在我们干的是中国几千年来从未干过的事。这场改革不仅影响中国，而且会影响世界。二十年的历史教训告诉我们一条最重要的原则：搞社会主义一定要遵循马克思主义的辩证唯物主义和历史唯物主义，也就是毛泽东同志概括的实事求是，或者说一切从实际出发。②

1985年8月30日上午，邓小平在会见日本亚洲交流协会顾问冈崎嘉平太和该会理事长北村博昭时指出：我们真正拨乱反正，制定一系列符合中国实际的政策是在一九七八年十一届三中全会以后。从一九七九年至一九八五年，这七年我们在“四个坚持”的情况下，实行了对外开放政策。“四个坚持”之一是坚持马列主义、毛泽东思想。我们对毛泽东主席做实事求是的评价，他的正确方面是主导的，他的正确的思想特别是他的实事求是的思想，今天

① 《邓小平年谱（1975—1997）》下册，第1018、1019页

② 《邓小平年谱（1975—1997）》下册，第1038页

还发挥着指导作用。当然，他也有失误。[①]

1986年6月14日上午，邓小平会见秘鲁部长会议主席路易斯·阿尔瓦·卡斯特罗。在介绍中国革命和建设的经验时，邓小平指出：经验是两方面的，一种是好的、成功的经验，另一种是不好的、失败的经验。中国的经验可以研究，但不能照搬。我们重要的历史经验就是反对教条主义。我们走十月革命的道路，但是中国比俄国还落后，中国自己的特点决定了我们的方式是毛泽东主席制定的农村包围城市的道路，经过二十二年的革命战争，取得了胜利。我们一直把马列主义当作指导思想，但是农村包围城市，马克思没讲过，列宁也没讲过。道路是一条，用什么方式来走，完全要根据自己的特点。建国以后，在建设社会主义的问题上，我们有一段时间照搬别人的经验吃了亏，有时是自己太性急了，还搞了“文化大革命”。我们建国几十年来做了些事，也经历了很曲折的道路。一条最根本的经验就是，当我们完全根据自己的实际，遵照毛泽东主席实事求是的精神制定政策时，我们就会成功，否则就会受到挫折。党的十一届三中全会后，我们根据实事求是的原则和自己的实际情况制定出了建设有中国特色的社会主义的政策。至今七年多的时间证明，根据自己的特点

① 《邓小平年谱（1975—1997）》下册，第1071页

制定的一系列政策对我们来说是正确的，有效的。[①]

1986年11月9日上午，邓小平会见日本首相中曾根康弘。在回答应该怎样看待马克思主义时，邓小平指出：马克思主义必须发展。我们不把马克思主义当作教条，而是把马克思主义同中国的具体实践相结合，提出自己的方针，所以才能取得胜利。过去我们以农村包围城市，取得了革命的胜利。现在我们还是坚持马克思列宁主义、毛泽东思想。这里有继承的部分，有发展的部分。我们建设社会主义，准确地说是建设有中国特色的社会主义，这样才是真正地坚持了马克思主义。我们历来主张世界各国共产党根据自己的特点去继承和发展马克思主义，离开自己国家的实际谈马克思主义，没有意义。[②]

1988年3月1日上午，邓小平在会见赞比亚总统肯尼斯·戴维·卡翁达时指出：我记得毛泽东主席是第一个跟你谈到了关于三个世界的划分问题。你们那次谈话不久，我就代表中国政府到联合国阐述了关于三个世界的划分和根据这个理论所制定的中国的对外政策。我讲了中国永远属于第三世界，讲了中国对外政策的基石是反对霸权主义，维护世界和平，也讲了建立世界经济的新秩序等问题。这是毛主席、周总理在世时制定的对外政策，我们现

① 《邓小平年谱（1975—1997）》下册，第1121、1122页

② 《邓小平年谱（1975—1997）》下册，第1152页

在执行的还是这个政策。[①]

1988年9月5日上午，邓小平会见捷克斯洛伐克总统古斯塔夫·胡萨克。在谈到如何总结经验教训问题时，邓小平指出：我们党总结历史经验不能丢掉毛泽东，否定毛泽东就是否定中国革命大部分的历史。[②]

1989年11月20日上午，邓小平在会见编写第二野战军战史的老同志，回顾“刘邓大军”的历史时指出：在解放战争的第一年，我们完成了中央军委规定的歼敌指标。战争开始三个月后，毛主席就说，全国战场只要每个月消灭国民党八个旅，这个仗就肯定能打胜。果然，第一年就歼敌九十七个半旅，略超过一点。就二野所在地区来说，完成了分配给自己的份额，也许还超过一点。[③]

1992年1月18日至2月21日，邓小平在武昌、深圳、珠海、上海等地的谈话要点中说：毛主席不开长会，文章短而精，讲话也很精练。[④]

综上所述，邓小平科学评价毛泽东和毛泽东思想，主要之点有：第一，对毛泽东同志的评价，对毛泽东思想的阐述，不是仅仅涉及毛泽东同志个人的问题，这同我们党、我们国家的整个历史是分不开的。这不只是个理论问

① 《邓小平年谱（1975—1997）》下册，第1225页
② 《邓小平年谱（1975—1997）》下册，第1244页
③ 《邓小平年谱（1975—1997）》下册，第1300页
④ 《邓小平文选》第三卷，第382页

题，尤其是个政治问题，是国际国内的很大的政治问题。

第二，毛泽东同志在长期革命斗争中立下的伟大功勋是永远不可磨灭的。如果没有毛泽东同志的卓越领导，中国革命有极大的可能到现在还没有胜利，那样，中国各族人民就还处在帝国主义、封建主义、官僚资本主义的反动统治之下，我们党就还在黑暗中苦斗。没有毛泽东就没有新中国，这丝毫不是什么夸张。我们必须坚决地维护毛主席这面伟大旗帜。这是我们安定团结的一个十分重要的问题，也是一个很重要的国际影响问题。否定毛主席，就是否定了中华人民共和国，否定了整个这一段历史。

第三，毛泽东思想这个旗帜丢不得。丢掉了这个旗帜，实际上就否定了我们党的光辉历史。毛泽东思想培育了我们整整一代人。没有毛泽东思想，就没有今天的中国共产党，这也丝毫不是什么夸张。毛泽东思想永远是我们全党、全军、全国各族人民的最宝贵的精神财富。毛主席最伟大的功绩是把马列主义的原理同中国革命的实际结合起来，指出了中国夺取革命胜利的道路。

第四，毛主席的功绩是第一位的，他的错误是第二位的。毛泽东同志犯了错误，这是一个伟大的革命家犯错误，是一个伟大的马克思主义者犯错误。讲错误，不应该只讲毛泽东同志，中央许多负责同志都有错误。“大跃进”，毛泽东同志头脑发热，我们不发热？刘少奇同志、周恩来同志和我都没有反对，陈云同志没有说话。在这些问题上要公正，不要造成一种印象，别的人都正确，只有一个人犯错误，这不符合事实。中央犯错误，不是一个人负责，是集体负责。我们不会像赫鲁晓夫对待斯大林那样对待毛主席。

第五，单单讲毛泽东同志本人的错误不能解决问题，最重要的是一个制度问题。毛泽东同志说了许多好话，但因为过去一些制度不好，把他推向了反面。他在生前没有把过去良好的作风，比如说民主集中制、群众路线，很好地贯彻下去，没有制定也没有形成良好的制度。我们党的政治生活、国家的政治生活有些不正常了，家长制或家长作风发展起来了，颂扬个人的东西多了，整个政治生活不那么健康，以至最后导致了“文化大革命”。因此，这要从制度方面解决问题。

第六，从许多方面来说，现在我们还是把毛泽东同志已经提出、但是没有做的事情做起来，把他反对错了的改正过来，把他没有做好的事情做好。今后相当长的时期，还是做这件事。当然，我们也有发展，而且还要继续发展。

第七，对我的评价，不要过分夸张，不要分量太重。有的把我的规格放在毛主席之上，这就不好了。我很怕有这样的东西，名誉太高了是个负担。

共产党的伟大之处，不在于不犯错误，而在于能够正确总结经验。陈毅曾经讲过：毛泽东不贰过；我们可以再补一句：邓小平一贯之。毛泽东不重复同样的错误，邓小平一以贯之地坚持自己的基本信念和操守。邓小平曾经强调，政治家眼界要十分宽阔，襟怀要十分宽阔。法国思想家雨果讲过，比大地广阔的是海洋，比海洋广阔的是天空，比天空广阔的是人的思想。毛泽东青年时期说过，丈夫何事足萦怀，要将宇宙看稊米。共产党人以解放全人类为己任，眼光应该看得到整个世界，心中应该装得下整个世界。眼界决定襟怀，襟怀决定格局，格局决定事业。从科学阐述实事求是的思想路线，科学阐述马克思主义的辩证唯物主义和历史唯物主义，到科学评价毛泽东和毛泽东思想，充分展现了邓小平伟大战略家的宽广眼界和博大襟怀，也充分展现了他不可撼动的政治定力和包举宇内的宏大格局。

第五章

战略决策：新时期、新事业和新道路

改革开放带来的不仅是经济的发展和繁荣，更深刻和更具长远意义的，是中国人民精神面貌的巨大变化，是中华民族素质的巨大进步，是中国共产党执政能力的巨大提高。正如习近平同志所深刻指出的：改革开放是当代中国发展进步的活力之源，是我们党和人民大踏步赶上时代前进步伐的重要法宝，是坚持和发展中国特色社会主义的必由之路；是决定当代中国命运的关键一招，也是实现“两个一百年”奋斗目标、实现中华民族伟大复兴的关键一招。

邓小平是我国改革开放和社会主义现代化建设的总设计师。他在我们党的十一届三中全会以来的路线、方针、政策的制定和形成过程中，在我国改革开放的一系列重大决策制定和形成过程中，起了非常重大、非常关键的作用。邓小平多次强调，我们已经进入改革开放和现代化建设的历史新时期，我们干的是全新的事业，我们正在走出一条中国特色社会主义道路。在他的领导和推动下，改革开放成为我国经济生活、政治生活、文化生活和社会生活的主题，成为一场影响深远的伟大革命，成为社会主义自我完善、自我发展的强大动力。

在上个世纪 80 年代前后，邓小平深入观察研究国际国内大局，作出了两个重大的战略判断：

在国内大局上，邓小平作出了我国正处在社会主义初级阶段的重大战略判断。1987 年 8 月 29 日，邓小平在会见意大利共产党领导人约蒂和赞盖里时提出：我们党的十三大要阐述中国社会主义是处在一个什么阶段，就是处在初级阶段，是初级阶段的社会主义。社会主义本身是共产主义的初级阶段，而我们中国又处在社会主义的初级阶段，就是不发达的阶段。一切都要从这个实际出发，根据这个实际来制定规划。[①]

在国际大局上，邓小平作出了和平与发展是当代世界两大问题的重大战略判断。1985 年 3 月 4 日，邓小平在会见日本工商会议所访华团时提出：现在世界上真正大的

① 《邓小平文选》第三卷，第 252 页

问题，带全球性的战略问题，一个是和平问题，一个是经济问题或者说发展问题。和平问题是东西问题，发展问题是南北问题。概括起来，就是东西南北四个字。南北问题是核心问题。[①]

在两个重大战略判断的基础上，邓小平作出了一系列重大战略决策。

——决策恢复高考

恢复高等学校招生考试制度，是1977年邓小平重新走上党和国家领导岗位之后作出的一个在全社会引起强烈反响的重大决策。这个重大决策，是扭转十年“文化大革命”造成的教育领域混乱局面，恢复和建立新的教育秩序的开端；是实行全面拨乱反正，开辟新道路的一个突破口。1977年5月，尚未复出工作的邓小平就尖锐地指出：“同发达国家相比，我们的科学技术和教育整整落后了20年。科研人员美国有120万，苏联90万，我们只有20多万，还包括老弱病残。”1975年，邓小平受命主持党政军日常工作，领导开展全面整顿，对当时的大学招生方法和教学质量提出批评。他说：“我们有个危机，可能发生在教育部门，把整个现代化水平拖住了。”“大学究竟起什么作用？培养什么人？有些大学只有中等技术学校水平，何必办成大学？”“一点外语知识、数理化知识也没有，还攀

① 《邓小平文选》第三卷，第105页

什么高峰？中峰也不行，低峰还有问题。”1977年，在正式决定恢复高考前，邓小平关于科技和教育问题发表多次谈话。1977年7月29日，邓小平在听取方毅、刘西尧等汇报时提出，他近期要主持召开一个科教工作座谈会，请科学院和教育部“找一些敢说话、有见解的，不是行政人员，在自然科学方面有才学的，与‘四人帮’没有牵连的人参加”。按照邓小平的要求，中国科学院和教育部分别在科学院系统和高等院校邀请了33位专家学者，于8月4日至8日，召开了科学和教育工作座谈会。邓小平自始至终亲自主持座谈会。这是一个真正的畅所欲言的座谈会。没有事先准备好的长篇报告、讲话，5天全部是即兴的自由发言。邓小平开宗明义：请大家来，就是想听听意见。题目就是科研怎么搞得更快些更好些，教育怎么合乎四个现代化的要求，包括学制、教材、教员的来源、办学的方针、具体措施、有什么想法，征求同志们的意见。方法，就是想说什么说什么，发言可长可短，讲一次两次可以，十次都可以，插话都可以。自由一点，什么话都可以讲。这里没有棍子。要消灭棍子。三个公司，钢铁公司、帽子公司，还有鞋子公司，都丢掉。8月6日，武汉大学化学系副教授查全性发言，强烈要求必须立即改进大学招生办法，引发了热烈讨论。查全性慷慨陈词，抨击了现行招生制度的四个严重弊病：一、埋没了人才，大批热爱科学，有培养前途的青年选不上来；二、卡了工农子弟上大学；三、坏了社会风气，助长了不正之风；四、严重影响了中小学生和教师的教与学的积极性。查全性强调，招生是保证大学教育质量的第一关。大学新生质量没有保证，其原因之一是中小学生质量不高，二是招生制度有问题，主要矛盾还是招生制度。他呼吁：一定要当机立断，只争朝夕，今年能办的就不要拖到明年去办。

查全性的发言引起与会者强烈共鸣。吴文俊、王大珩、邹承鲁、汪猷等纷纷发言，赞同查全性意见，建议党中央、国务院下大决心，对现行招生制度来一个大的改革，宁可今年招生晚两个月。不然，又招来 20 多万人，好多不合适的，浪费就大了。专家们的意见震动并激励了邓小平。他问坐在身边的教育部长刘西尧：今年就恢复高考还来得及吗？刘西尧说，推迟半年招生，还来得及。邓小平听了，当场决断：既然今年还有时间，那就坚决改嘛！把原来写的招生报告收回来，根据大家的意见重写。招生涉及下乡的几百万青年，要拿出一个办法来。今年就开始改，不要等了。8 月 8 日，科学和教育工作座谈会结束。邓小平在总结发言中再次明确宣布：今年就要下决心恢复从高中毕业生中直接招考学生，不要再搞群众推荐。从高中直接招生，我看可能是早出人才、早出成果的一个好办法。10 月 12 日，国务院批转了《关于 1977 年高等学校招生工作的意见》，规定从 1977 年起，高等学校招生制度进行改革，恢复统一考试制度。

——支持和推动真理标准问题讨论

1978年5月10日，中央党校《理论动态》第60期发表了《实践是检验真理的唯一标准》一文。5月11日，《光明日报》以“本报特约评论员”署名，公开发表了这篇文章，新华社于当天向全国全文转发。5月12日，党中央机关报《人民日报》和中央、地方的许多报纸转载了这篇文章。1978年6月2日，在实践标准同“两个凡是”激烈争论的关键时刻，邓小平在全军政治工作会议上发表了重要讲话，尖锐地批评了“两个凡是”的思潮。1978年7月21日，邓小平找当时的中央宣传部长谈话，对他讲了实践是检验真理的唯一标准问题的讨论经过，鲜明提出不要再“下禁令”、“设禁区”了，不要再把刚刚开始的生动活泼的政治局面往后拉。7月22日，邓小平又找胡耀邦谈话，鲜明地支持胡耀邦发动的这场讨论。1978年12月13日，邓小平在中央工作会议的闭幕会上发表讲话，进一步强调，解放思想是当前的一个重大政治问题。关于真理标准问题的争论，的确是个思想路线问题，是个政治问题，是个关系到党和国家前途和命运的问题。邓小平这个讲话，是对历时半年多的真理标准问题大讨论的最好总结，得到与会者的衷心拥护。十一届三中全会高度评价了真理标准问题的讨论，重新确立了党的实事求是的思想路线，标志着真理标准问题的讨论取得了极大的成功。

——作出党和国家工作重点转移到经济建设上来的战略决策

“文化大革命”十年内乱，大批“唯生产力论”，大搞“以阶级斗争为纲”，经济秩序完全混乱，党的工作重点转移无法坚持下去。国民经济几乎到了崩溃的边缘。从1977年初开始，经济理论界率先对“左”的错误理论进行了剖析，批判了在生产资料所有制问题上急于过渡的错误，违背按劳分配规律的错误，在商品货币和价值规律问题上的错误，急于求成，盲目追求不切实际的高速度，违背国民经济按比例发展规律的错误。1977年12月，邓小平根据他对美苏双方力量的冷静观察和深入分析，首先提出了世界战争可以推迟和我们可以争取更多一点时间搞建设的判断。这是一个非常重要非常关键的判断。正是基于这样的判断，我国由此加大了对外交往的力度，高层领导人频频出访，从而开阔了视野，加深了对国际形势的了解，既强烈地感受到了我国同发达国家之间正在拉大的差距，又清楚地看到了发达国家所面临的经济困难向我们提供的发展机遇。1977年8月，党的十一大明确宣告，“文化大革命”已经结束，重申在20世纪内把我国建设成为社会主义的现代化强国，是党在新时期的根本任务。1978年2月，五届人大一次会议审议通过了到20世纪末在我国基本实现四个现代化的十年规划和二十三年设想。同年3月，邓小平在全国科学大会上进一步提出：“我们的国家进入了新的发展时期，我们党的工作重点、工作作风都应该有相应的转变。”这样党的工作重点应该转移的问题就被提上了日程。正是在这样的背景下，1978 年 9 月邓小平有了一次东北之行，有了著名的“北方谈话”。在谈话中他郑重提出了党和国家工作重点转移的问题。邓小平是在 1982 年 9 月 18 日陪同朝鲜劳动党中央委员会总书记金日成前往成都访问途中，谈到 1978 年 9 月从朝鲜归来在东北的谈话内容。邓小平明确指出：“我在东北三省到处说，要一心一意搞建设。国家这么大，这么穷，不努力发展生产，日子怎么过？我们人民的生活如此困难，怎么体现出社会主义的优越性？‘四人帮’叫嚷要搞‘穷社会主义’、‘穷共产主义’，胡说共产主义主要是精神方面的，简直是荒谬之极！……不努力搞生产，经济如何发展？社会主义、共产主义的优越性如何体现？我们干革命几十年，搞社会主义三十多年，截至一九七八年，工人的月平均工资只有四五十元，农村的大多数地区仍处于贫困状态。这叫什么社会主义优越性？因此，我强调提出，要迅速地坚决地把工作重点转移到经济建设上来。”邓小平的“北方谈话”建议很快就被党中央所采纳，并在其后不久召开的党的十一届三中全会上得到确认。胡耀邦在 1980 年 11 月一次全会上讲到老同志的贡献时说：“1978 年 9 月份，小平同志在东北提出了全党工作着重点的转移，为三中全会的方针，为今后党的工作方针，做出了决策。”

——实行家庭联产承包责任制

安徽凤阳小岗村，在全国率先搞了大包干，悄悄搞了一年就翻身了，小岗的粮食人均和增幅为当年凤阳县之冠，也是全省之冠。1980 年，包产到户和包干到户在全国各地迅速发展，在一些地方，也遇到强烈抵制，形成全国性、群众性的大争论。5 月 31 日，在争论的关键时刻，邓小平赞扬肥西的包产到户和凤阳的大包干，说当前的主要问题还是思想解放不够。邓小平的讲话对形势的发展影响极大。接着便是中央五个“一号文件”连续出台。1982 年初的“一号文件”总结了 1981 年实践经验，明确指出“包产到户或包干到户”都是社会主义生产责任制，使之有了社会主义的身份和户籍。1983 年第二个“一号文件”，把包干到户命名为“家庭联产承包责任制”，这一年，全国包干到户达到 90%以上。没过多久，虽然中央没发过文件，全国各地人民公社的牌子却陆续不见了。1984 年，粮食在连年增产后再获丰收，总产达 8100 多亿斤，人均 800 斤，接近世界人均水平。一个包产到户，不到五年时间就基本上解决了全国人民的温饱问题，为中国人的生存和发展创造了最低限度的物质前提。

——确立对外开放基本国策

1975 年，邓小平主持中央、国务院的日常工作期间，明确地提出要把扩大进出口、引进先进技术作为一项大政策。粉碎“四人帮”后，邓小平旧话新提。他广泛深入地向各方面的干部和专家学者、党外爱国民主人士宣讲：现在的世界是开放的世界；中国吃了闭关自守的苦头；建国以后主要是帝国主义封锁我们，但六十年代也有我们自己孤立自己的问题；关起门来搞建设不能成功，现在“有了比过去好得多的条件，使我们能够吸收国际先进技术和经营管理经验，吸收他们的资金”。为了借鉴国外经验，加速社会主义现代化建设，1978 年 5 月，党中央、国务院决定派谷牧带领一个包括 6 位省部级干部组成的代表团，出访法国、西德、瑞士、丹麦、比利时。这是新中国建立以后，首次向发达资本主义国家派出的国家级政府经济代表团。邓小平十分重视这件事。出访前，他在北京饭店专门听取出访的汇报时指示：要“广泛接触，详细调查，深入研究些问题”。考察团从 5 月 2 日到 6 月 6 日 1 个多月内走了上述 5 国的 15 个城市，会见有关政界人士和企业家，参观了许多工厂、农场、城市设施、港口码头、市场、学校、科研单位和居民区，尽量多收集资料信息，多思考研究问题。回国后，6 月下旬中央政治局同志专门开会听取考察的汇报。汇报中讲到：一、二战后，西欧发达国家的经济确有很大发展，尤其是科技日新月异，我们已经落后很多，它们在社会化大生产的组织管理方面也有许多值得借鉴的经验；二、它们的资金、商品、技术要找市场，都看好与中国发展关系；三、国际经济运作中有许多通行的办法，包括补偿贸易、生产合作、吸收国外投资等，我们可以研究采用。这次汇报后，邓小平找谷牧去谈话。邓小平谈了三点意见：一、引进这件事要做；二、下决心向国外借点钱搞建设；三、要尽快争取时间。根据中央政治局和邓小平的指示，7月上旬，国务院召开了由有关部委负责同志参加的关于四化建设的务虚会，这次务虚会持续了2个月。会上，大家畅所欲言，认真总结新中国近30年的经验教训，研究国外成功经验，就如何正确运用价值规律、改革经济体制、坚持按劳分配、发展农村多种经营等问题，特别对如何加强技术引进、扩大外贸出口、采取灵活方式利用国外资金等问题，深入进行讨论，提出了许多好的意见。务虚会后，党中央、国务院对这些意见又多次进行讨论，对外开放这项基本国策由此被郑重确立。

——决策创办经济特区

十一届三中全会开过以后，人们解放思想，冲破长期以来经济工作中“左”的思想和旧框框的束缚，把眼光投向世界，认真观察和分析国外经济发展，深入研究加速我国现代化经济建设问题。当时世界上有80多个国家和地区设立了500多个出口加工区、自由贸易区、自由港，有效地开展对外经济贸易和技术交流。这种经验启示人们思考：我国沿海某些地区，是否可以借鉴采用。广东省委和省政府根据本省邻近港澳，商品经济比较活跃，对外经济交往历史悠久，祖居于粤的海外华侨和华人为数众多等特点，对举办出口加工区的可行性进行了反复讨论和论证，并在领导层中形成了一致意见。1979年4月5日—28日，广东省委主要负责同志习仲勋与王全国一起赴京参加中央工作会议，会上习仲勋直谏中央："不仅经济体制，整个行政体制上也要考虑改革。中国这么大，各省有各省的特点，有些应根据省的特点来搞。"这以后，习仲勋又不失时机地向中央政治局常委作了汇报并得到了常委们的支持。会间，他和杨尚昆一起找到了邓小平。邓小平听了他们的汇报后，深深地吸了一口烟。深圳，这块地方到底叫什么好呢？出口加工区、贸易区、工业区？都不能算是准确。不一会儿，他把手里的香烟往缸里一顿，果断地说："深圳，就叫特区吧！"习仲勋听了说："特区，好！"也许是与老战友在一起的缘故吧，邓小平接着补充说："对！办一个特区，过去陕甘宁边区就是特区嘛！中央没有钱，可以给些政策，你们自己去搞，杀出一条血路来。"他向中央建议批准广东的这一要求。党中央、国务院根据邓小平的意见，责成广东、福建两省进一步组织论证，提出实施方案。6月中下旬，中央、国务院就谷牧和两省的报告进行了讨论，于7月15日以中发［1979］50号文件批转了广东、福建的报告，决定广东、福建两省实行"特殊政策、灵活措施"，批准举办深圳、珠海、汕头、厦门4个经济特区。在对外开放艰苦行进之时，1984年1月22日到2月16日，邓小平先后视察广州、深圳、珠海、厦门和上海，充分肯定了兴办经济特区的决策和实践，并对其进一步发展提出了明确要求。他回到北京后，就对中央、国务院领导同志发表重要谈话，明确指出："我们建立经济特区，实行开放政策，有个指导思想要明确，就是不是收，而是放"。"除现在的特区之外，可以考虑再开放几个港口城市，如大连、青岛。这些地方不叫特区，但可以实行特区的某些政策"。党中央、国务院按照邓小平的意见，于3月下旬召开了沿海部分城市座谈会，决定开放上海、天津、大连、秦皇岛、青岛、烟台、连云港、南通、宁波、温州、福州、广州、湛江、北海这14个沿海港口工业城市。10月邓小平在一个党内高级干部会议上曾风趣地说，他1984年办了两桩大事，一桩是用"一国两制"的办法解决香港问题，另一桩就是开放14个沿海城市。

——平反冤假错案

彻底平反"文化大革命"的冤假错案，首先要对"文化大革命"前十七年的工作有一个正确的评价。1977年8月，邓小平主持召开了科学和教育工作座谈会。在会上，邓小平首先就人们关心的十七年的估计问题明确指出：新中国成立后十七年的教育路线"主导方面是红线"，"我国的知识分子绝大多数是自觉自愿地为社会主义服务的"。9月19日，邓小平找教育部主要领导谈话。他指出：《纪要》是毛泽东同志画了圈的，不等于里面就没有是非问题了。1976年天安门事件中关于我的问题的决议，毛泽东同志也是画了圈的。天安门事件涉及那么多人，说是反革命事件，不行嘛。说我是天安门事件的后台，其实，当时我已经不能同外界接触了。“两个估计”是不符合实际的。怎么能把几百万、上千万知识分子一棍子打死呢？我们现在的人才，大部分还不是十七年培养出来的？他严肃地批评教育部，“管教育的不为广大知识分子说话，还背着‘两个估计’的包袱”。告诫他们不要成为阻力，“要思想解放，争取主动。过去讲错了的，再讲一下，改过来。拨乱反正，语言要明确，含糊其词不行”。邓小平把平反冤假错案作为落实知识分子政策的刻不容缓的事情。1977年8月13日，邓小平对著名作家、人民艺术家老舍在“文革”初期含冤去世的事情做出批示：“对老舍这样有影响有代表性的人，应当珍视。由统战部或北京市委做出结论均可。不可拖延。”邓小平的批示，有力地推动了知识界的平反冤假错案的工作。8月23日，邓小平、李先念等出席原教育部长周荣鑫的追悼会。周荣鑫在“文革”后期，积极贯彻周恩来、邓小平整顿教育的指示，遭受到江青一伙的迫害，于1976年4月逝世。中共中央为周荣鑫开追悼会，高度评价了他与“四人帮”的斗争，推翻了横加在他身上的一切诬蔑不实之词。这实际上是对在教育领域抵制“文化大革命”错误的广大干部群众的政治肯定。

在1978年3月召开的全国科学大会上，邓小平代表党中央郑重宣布：我国的知识分子“绝大多数已经是工人阶级和劳动人民自己的知识分子”，“是我们党的一支依靠力量”。从而，改变了长期对知识分子“团结、教育、改造”的方针，不再把知识分子当作异己力量，摘掉了长期压在知识分子头上的精神枷锁。邓小平重返党和国家领导岗位后，许多长期受到不公正对待的老干部看到了解决问题的希望，纷纷写信给他，申诉冤情，要求落实政策。万毅将军就是其中一位。万毅将军是位战功卓著的名将，在1959年9月因受彭德怀错案的株连，被撤销党内外职务。“文化大革命”中再次受到迫害。邓小平非常关心这些老同志的问题。1977年8月10日，他在万毅的申诉信上批示：“既无政治历史问题，就应作适当安排，他过去有贡献。”同月，著名先烈王若飞之子写信给中央领导，要求为在“文化大革命”中被诬蔑为叛徒的父亲恢复名誉。邓小平也作了批示：据我所知，王若飞同志肯定是没有问题的。1977年12月6日，邓小平对原五机部副部长吴皓的妻子要求落实政策的申诉信作了批示：“请中组部对这类事要关心，实事求是地对每件事做出恰如其分的结论，这不只是对本人，对家属亲友都是关系很大的，拖不是办法。”同月25日，邓小平又对原西藏自治区党委副书记王其梅的妻子王先梅要求落实政策的申诉信作了批示：“王其梅从抗日战争起做了不少好事。他的历史问题不应影响其子女家属。建议组织部拿这件事做个样子，体现毛主席多次指示过的党的政策。”邓小平的重要批示，既交付了任务，指示了方向，也赋予了权力，为落实干部政策起了破冰之举的先导作用。中组部迅速贯彻落实邓小平的两个批示，拉开了平反冤假错案的帷幕。在邓小平、陈云等老同志坚定地支持下，胡耀邦充分发挥中组部作为中央主管干部的职能部门的作用，整顿和调整各级领导班子和组织部门，落实“实事求是、有错必纠”的方针，进行干部路线的拨乱反正，为平反冤假错案扫清思想上和组织上的障碍，很快打开了平反冤假错案和落实干部政策的新局面，使全党的拨乱反正有了突破性的进展。在十一届三中全会前，中央组织部就为131名省部级以上干部的冤案平了反。各省、市、自治区也相继开展了平反冤假错案的工作。十一届三中全会以后，全国各地大刀阔斧地开展平反冤假错案工作，形成了全党办案的高潮。邓小平对于这项工作高度重视，始终予以强有力的支持。仅十一届三中全会后的两年间，邓小平就先后参加了13次追悼会，为53名含冤去世的同志献了花圈。到1982年底，平反冤假错案的工作基本完成。对“文化大革命”及过去历次政治运动的冤假错案，按照“实事求是，有错必纠”的原则进行了全面的清理。到党的十三大前，过去长达半个多世纪的历史积案全部清理完毕，从而为改革开放奠定了坚实的政治基础。

——推行干部队伍革命化、年轻化、知识化、专业化

1975年2月，身患重病的周恩来给毛泽东写出一份有关国务院12位副总理分工情况的请示报告。报告建议：

邓小平主管外事，在周恩来总理治病疗养期间，代总理主持会议和呈报主要文件。毛泽东批准了周恩来的报告。邓小平开始实际上主持党中央和国务院的日常工作。是年，他 71 岁。邓小平重权在握，像把尖刀插在“四人帮”心上。王洪文跑到上海肆无忌惮地叫嚷：“10 年后再看。”是年，王洪文刚满 40 岁。王洪文的话传到了邓小平的耳中。在 71 岁与 40 岁的比较中，邓小平格外警醒。他找到李先念等一些老同志，交换对王洪文这句话的看法，说：“这个是有道理啊！10 年之后，我们这些人变成什么样子了？从年龄上说，我们斗不过他们啊！”从此，接班人的问题伴随着王洪文的那句话，就一直深深地刻在邓小平的脑海里，一刻也没有忘记过。1976 年 10 月，祸国殃民的“四人帮”被粉碎。翌年 7 月，邓小平重新回到领导岗位。与此同时，一批在“文化大革命”中受迫害的老干部也回到了领导岗位。然而，王洪文说的“10 年后再看”的问题并没有因“四人帮”的被粉碎而真正得到解决。粉碎“四人帮”后的头两年，主要是进行政治上和思想上的拨乱反正，组织路线问题还没有条件提到议事日程，但邓小平没有忘记就接班人的问题向党内老同志频频打招呼。1977 年 12 月，刚刚复出的邓小平在中央军委全体会议上谈到整顿领导班子问题时提醒说：“现在我们的领导干部年龄都比较大了，五年以后，五十岁以下的人，打过仗的就很少了。所以我们这些老同志，要认真选好接班人，抓紧搞好传帮带。”他还说：“要选那些认真学习马列主义、毛泽东思想，在斗争中经得住考验的人；要选那些党性强，能团结人，不信邪的人；要选那些艰苦朴素，实事求是，说老实话，办老实事，做老实人，作风正派的人；要选那些努力工作，联系群众，关心群众疾苦，有魄力，有实际经验，能够办事的人。”1978 年 6 月 2 日，在全军政治工作会议上，邓小平又谈到选好年轻干部做接班人的问题：“我们老同志在这个问题上，眼光要放得远一些。选好接班人，带好接班人，这件事做好了，我们才有资格去见马克思，见毛主席，见周总理。”1979 年 7 月，75 岁的邓小平开始了他十一届三中全会后的第一次南方视察。他先去了安徽，登上了黄山。在同一些二十来岁的大学生合影留念时，他意味深长地说：未来靠的还是你们年轻人。从黄山下来后，邓小平又到了上海、山东、天津等地。他走一路，讲一路，突出的话题就是抓紧选拔年轻干部，培养接班人的问题。在上海，邓小平在接见中共上海市委常委时说：大问题是接班问题，任何地方、任何部门都有这个问题。这是党的战略任务、根本任务。如果说三中全会解决了思想路线问题，这次就是解决组织路线问题。现在的问题，在一部分干部中一种是崇拜西方世界，反对“四个坚持”；一种是利用毛主席旗帜，坚持“两个凡是”，这个问题是大量的。现在最迫切的是班子问题，是接班人的问题。在山东，邓小平在接见中共山东省委常委时说：现在要明确提出解决组织路线问题，而组织路线最根本的是选择、培养接班人。这是根本的问题、百年大计的问题、对党负责的最大问题。现在反对三中全会路线的还大有人在，他们基本上是林彪、“四人帮”体系的人，认为中央现在搞的是倒退，是右倾机会主义。有一个单位的干部还罗列了三中全会以后中央的“18 条罪状”，包括利用外资。现在我们要从上到下有意识地选拔一些比较年轻的人、真正坚持我们现在政治路线的人、正派的人、党性强的人来接班。在天津，邓小平在接见中共天津市委常委时说：摆在我们面前更大的问题是谁接班的问题。我一路上讲这个问题，这确实是带根本性的问题。不要太天真了，认为三中全会、五届人大二次会议以后，天下太平了，没那回事，要注意一下思潮。7 月 29 日，邓小平在接见海军党委常委扩大会议的全体干部时，作了主题为“思想路线、政治路线的实现要靠组织路线来保证”的讲话。他说：“党的思想路线和政治路线，尽管有人不通，但总是已经确立了。现在我们还没有解决的问题是什么呢？是组织路线问题。这是一个很重要的问题。政治路线确立了，要由人来具体贯彻执行。由什么样的人来执行？是由赞成党的政治路线的人，还是由不赞成的人，或者由持中间态度的人来执行，结果不一样。这就提出了一个要什么人来接班的问题。”接着，邓小平提醒大家：1975 年，我主持中央工作，王洪文就说，10 年后再看。现在也有 10 年后再看的问题。为什么说这个话？一是因为粉碎林彪、“四人帮”后，许多老同志回到原来的工作岗位或担负相当原来职务的工作，这在前一段是必要的。但现在各级领导班子岁数太大，精力不够。二是现在反对党的政治路线、思想路线的还大有人在。他们基本上是林彪、“四人帮”那样一种思想体系，认为中央现在搞的是倒退，是右倾机会主义。如果让这些人掌权，他们一有机会就会出来闹腾的。我们对林彪、“四人帮”的影响不能低估，不能想得太天真了，要想得远一点。1980 年 2 月 23 日至 29 日，党的十一届五中全会在北京举行。全会主要解决组织路线问题。会上，邓小平、陈云、叶剑英等作了重要讲话。邓小平说：不进一步解决组织路线问题，政治路线、思想路线就得不到可靠的保证。现在，确实还有一批帮派人物：奉行林彪、“四人帮”那套思想体系的，打砸抢的，头上长角、身上有刺的，这是造成不安定的一个重要因素。他又一次提起王洪文那句“10 年后再看”的话向全党呼吁：当前最重要的还是要选好接班人。从中央起，我们各级党委、特别是老同志，一定要时刻不忘严肃地对待这个问题，承担起这个庄严的责任。时间紧迫，再不及早妥善解决这个问题不行了。5 年以后再开中央全会，在座的相当一部分人不能工作了。那时再考虑接班人的问题就晚了。我们这些老同志，包括我在内，要是办不好这件事，交不了账。1981 年 7 月 2 日，六中全会刚刚落下帷幕，邓小平又特意把各省、市、自治区的党委书记留下来开座谈会。会上，邓小平作了主题为“老干部第一位的任务是选拔中青年干部”的讲话。他说：选拔培养中青年干部这个问题太重要了，还是讲几句。我们历来讲，这是个战略问题，是决定我们命运的问题。对我们这次六中全会，外国人反映说，是用和平方式解决交接班问题，解决中央人事的大问题，称赞我们很稳定、很顺利地解决了这样的问题。但是，全国范围的干部接替问题，如果再过三五年还不解决，那就可能造成一种混乱，要来一次灾难。解决这个问题，老同志要开明，要带头。1982 年 1 月 13 日，邓小平在中共中央政治局会议上谈到精简机构时把它喻为“一场革命”，大声疾呼：“这场革命不搞，让老人、病人挡住比较年轻、有干劲、有能力的人的路，不只是四个现代化没有希望，甚至于要涉及到亡党亡国的问题，可能亡党亡国。”1980 年 8 月 18 日，邓小平在中共中央政治局扩大会议上说：中央“正在考虑再设立一个顾问委员会，连同中央委员会，都由党的全国代表大会选举产生。这样，就可以让大批原来在中央和国务院工作的老同志，充分利用他们的经验，发挥他们的指导、监督和顾问作用。同时，也便于使中央和国务院的日常工作班子更加精干，逐步实现年轻化。”1981 年 7 月 2 日，邓小平在各省、市、自治区党委书记会议上再次提到设立顾问委员会以容纳一批老同志的设想，并说：“这是为后事着想。”1982

年，中共十二大召开在即。解决领导干部年轻化已到了关键时刻。2月18日，邓小平在会见西哈努克亲王及其夫人时说：干部老化问题已到了非解决不可的时候了。7月30日，中共中央政治局举行扩大会议，讨论即将向十二大提交的《中国共产党章程》[①]。经过修改后的新党章规定：中央和省一级设顾问委员会，以发挥许多富有政治经验的老同志对党的事业的参谋作用。邓小平在会上说："这次的党章有些问题没有完全解决，比如领导职务终身制的问题，已经接触到了，但没有完全解决；退休制度的问题也没有完全解决。设顾问委员会是一种过渡性质。鉴于我们党的状况，我们的干部老化，但老同志是骨干，处理不能太急，太急了也行不通 。还有，我们多年来对中青年干部的提拔就是少，就是没有注意这方面的工作嘛！而且，还得承认，确实是障碍重重，这些障碍有些是有意识的，有些是无意识的，两种情况都有。所以，我们需要有一个顾问委员会来过渡。这个过渡是必要的，我们选择了史无前例的这种形式，切合我们党的实际。"1982年党的第十二次全国代表大会，通过的《中国共产党章程》，正式宣布在中央和省、市、自治区设立顾问委员会，并规定了各自的权限。9月13日，中共中央顾问委员会举行第一次全体会议。邓小平当选为中央顾问委员会主任。会

① 指修改草案——编者注

上，邓小平说：中央顾问委员会是根据我党的实际情况建立的，是解决党的中央领导机构新老交替的一种组织形式。目的是使中央委员会年轻化，同时让一些老同志在退出第一线之后继续发挥一定的作用。可以设想，再经过10年，最多不要超过15年，取消这个顾问委员会。

——百万大裁军

1975年7月14日，邓小平在军委扩大会议上，以他特有的求实精神一针见血地指出了军队存在的“肿、散、骄、奢、惰”的状况，提出了整顿军队必须首先消“肿”的思想。但由于“四人帮”的干扰，“消肿”刚刚开始，又不得不停下来。粉碎“四人帮”，尤其是党的十一届三中全会后，才使军队“消肿”重新提上议事日程。1977年12月，邓小平在中央军委全会上讲话强调：“这里我还要讲一个肿字。过去不是讲五个字吗……第一个字就是肿。这个肿，我们还没有很好解决。”1980年3月，邓小平在军委常委扩大会议上进一步提出，我们必须清醒地看到，我们存在的一个最大问题，就是军队很臃肿，真正打起仗来，不要说指挥作战，就是疏散也不容易。从1975到1984年的10年中，邓小平就军队消“肿”的问题，讲话多达数十次。直到1984年11月军委座谈会上，他从国际国内大局出发，郑重地提出了他思考多年的精兵思想：在军队几次整编的基础上，再裁减员额100万。会上，邓小平就像战争年代在大战到来之前亲自站在指挥员中作动员一样，用生动有力而又简洁风趣的语言，亲自给全军作消“肿”报告。他说，即使战争要爆发，我们也要消“肿”。虚胖子能打仗？大力士、拳击运动员身体很重，但是不虚，虚就不能进行拳击。他进一步分析说，要更多地节省开支，改善装备，更重要的是提高军队素质。保留下来的人员足够应付意外事件。再减 100 万，一是必要，二是没有风险。好处多得很。这次会后仅仅半年，全军就制定了裁减 100 万人的体制改革精简整编方案。三年之后，胜利实现了邓小平这个重大战略决策。

——提出“一国两制”方针，解决香港、澳门问题

1979 年 3 月，英国派了当时的港督麦理浩到北京来摸底，通过各种方式“投石问路”，想延长对新界的租期。29 日，邓小平会见麦理浩。他向麦理浩指出：“1997 年中国收回香港后，香港还可以搞资本主义。现在有人开始担心香港将来的前途和地位问题。对这个问题，我们有一贯的立场。我们历来认为，香港主权属于中华人民共和国，但香港又有它的特殊地位。香港是中国的一部分，这个问题本身不能讨论。但可以肯定的一点，就是即使到了 1997 年解决这个问题时，我们也会尊重香港的特殊地位。现在人们担心的，是在香港继续投资靠不靠得住。这一点，中国政府可以明确地告诉你，告诉英国政府，即使那时做出某种政治解决，也不会伤害继续投资人的利益。请投资的人放心，这是一个长期的政策。”在会见中，邓小

平明确表示不同意麦理浩提出的在 1997 年 6 月后新界仍由英国管理的意见。1982 年 8 月 10 日上午，邓小平和邓颖超一起会见美籍华人科学家，有邓昌黎、陈树柏、牛满江，还有葛守仁、聂华桐等。谈到香港问题，邓小平再次强调：就是一个原则，1997 年香港一定要收回，同时宣布以后的政策。香港不收回，我们这些管事的人，历史上将怎样写我们？说得露骨点是卖国贼，含蓄点是清朝皇帝。香港收回后作为特别行政区，制度、生活方式等都不变，力求保持现在的国际贸易中心、金融中心的地位。香港的管理，北京不派人，香港自己找人管，香港必须由以爱国者为主体的香港人管理。通过这次谈话，邓小平已经说明了以“一国两制”的基本构想解决香港问题的各项基本政策。1982 年 9 月 16 日，邓小平在一次谈话中，对解决香港问题的总方案拍了板。概括地说，就是：“必须在 1997 年全部收回香港地区和在不损害国家主权的前提下，保留香港的资本主义制度不变。”“一切文章都要在收回香港、设立特别行政区这个大框架里面做。”“我们要根据会出乱子这种可能性来安排一切。”“如果这中间发生大的风波，我们对收回香港的方式和时间不得不被迫做出新的考虑。”9 月 24 日，邓小平在人民大会堂会见撒切尔夫人，全面阐述中国政府对香港问题的基本立场。这一次会谈也是最重要的一次。谈什么问题呢？邓小平说：要谈 3 个问题。一个是主权的问题，也就是“一国”的问题。其次就是 1997 年后的安排，就是我们的 12 条方针政策，就是“两制”的问题。第三就是 1997 年前的安排，就是过渡时期的安排，为恢复行使主权创造条件的问题。撒切尔夫人一上来就要求在 1997 年后继续维持英国对整个香港地区的管辖不变，并以威胁的口气说：“要保持香港的繁荣，就必须由英国来管治。如果中国宣布收回香港，就会给香港带来灾难性的影响和后果。”邓小平指出：我的看法是小波动不可避免，如果中英两国抱着合作的态度来解决这个问题，就能避免大的波动。中国政府在做出这个决策的时候，各种可能都估计到了。这时，邓小平讲了一句很厉害的话，他说：“我们还考虑了我们不愿意考虑的一个问题，就是如果在 15 年的过渡时期内香港发生严重的波动，怎么办？那时，中国政府将被迫不得不对收回的时间和方式另作考虑。”1997 年，香港顺利回归祖国，1999 年澳门顺利回归祖国，实现了平稳过渡，保持了繁荣发展。

——决策实施“863”计划

1986 年 3 月，著名科学家王淦昌、王大珩、杨家墀、陈芳允四位科学家联名上书中央，对跟踪世界战略性高技术发展提出建议。3 月 5 日，邓小平亲笔批示：“此事宜速作决断，不可拖延。”国务院随即组织了 200 多位知名专家进行论证。同年 11 月 18 日，党中央、国务院正式发出通知，决定实施高技术发展计划。因为这一计划起源于 1986 年 3 月，所以有关部门将之命名为“863”计划。这一计划对推动我国高技术的发展发挥了重要作用。至1995年底，“863”计划囊括的7个高技术领域中所选定的2800多个课题，已有1398项[①]完成并取得了成果鉴定。其中：550项达到国际先进水平[②]；475项已进入应用领域[③]；133项已转化为产品[④]。在参加“863”计划的三万人次科研人员中：有数百人被培养成为决策层次的专家，其中数十人已被接受为科学院或工程院院士；同时还培养出博士后207人，博士1490人，硕士3868人。最重要的是，“863”计划把中国一下子推到了世界高科技竞争的起跑线上，她再一次点燃了中华民族的希望之光。邓小平1988年10月24日，在视察北京正负电子对撞机工程时的讲话中说：“过去也好，今天也好，将来也好，中国必须发展自己的高科技，在世界高科技领域占有一席之地。如果六十年代以来中国没有原子弹、氢弹，没有发射卫星，中国就不能叫有重要影响的大国，就没有现在这样的国际地位。这些东西反映一个民族的能力，也是一个民族、一个国家兴旺发达的标志。”[⑤]

——提出“三步走”发展战略

1979年12月6日，邓小平与前来我国访问的日本首

---

① 占49.9%——编者注
② 占39.3%——编者注
③ 占33.9%——编者注
④ 占9.5%——编者注
⑤ 《邓小平文选》第三卷，第279页

相大平正芳举行会谈。在会谈中，大平首相向邓小平提出了一个问题："中国根据自己独自的立场提出了宏伟的现代化规划，要把中国建成伟大的社会主义国家。中国将来会是什么样的情况？整个现代化的蓝图是如何构思的？"大平的这个问题，使邓小平陷入了沉思。党的十一届三中全会以后，党中央决定一心一意搞现代化建设，但实际上达到什么程度，步子怎么走，心中还没有数。大平的提问启发了邓小平具体思考这个问题。他"想了一分钟"便讲了一段著名的、影响中国今后几十年命运的话。邓小平说：我们要实现的四个现代化，是中国式的四个现代化，即使到本世纪末，我们的四个现代化达到了某种目标，我们的国民平均收入也还是很低的。要达到第三世界中比较富裕一点的国家的水平，比如国民平均收入达到一千美元，我们也还得付出很大的努力才行。就算达到那样的水平，同西方来比，也还是落后的。我只能说，中国也还是一个"小康"的状态。小康目标提出以后，邓小平进一步构思中国21世纪的发展战略，逐步形成三步走发展战略的完整设想。1984年4月18日，他会见英国前外交大臣杰弗里·豪时提出：同我们的大目标相比，这几年的发展仅仅是开始。达到小康水平以后，我们还要在下世纪三十年到五十年内，接近发达国家水平。1987年4月16日，他在会见香港特别行政区基本法起草委员会委员时指出，达到人均一千美元的小康水平以后，"再过五十年，翻两番，达到人均四千美元的水平……中国是一个中等发达国家了。那时，十五亿人口，就是说国民生产总值是六万亿美元，这是以1980年美元与人民币的比价算的，这个数字肯定是居世界前列的。”在这段话里，他已经把下世纪的战略目标表述得十分具体和明确了。但直到这时，邓小平还没有把整个发展战略概括为三步目标，而一直是说两步目标。即第一步在20世纪末实现小康水平，第二步到21世纪中叶达到中等发达国家水平。就在这次谈话后不久的4月30日，他在会见西班牙副首相格拉时，第一次提出了三步发展战略目标的设想。他是这样表述的：“从1978年底十一届三中全会到现在将近九年时间，算是第一步。第一步原定的目标，是在八十年代翻一番，以1980年为基数，当时国民生产总值人均只有二百五十美元，翻一番，达到五百美元。第二步是到本世纪末，再翻一番，人均达到一千美元。实现这个目标意味着我们进入小康社会，把贫困的中国变成小康的中国。那时国民生产总值超过一万亿美元。虽然人均数还很低，但是国家的力量有很大增加。我们制定的目标更重要的还是第三步。第三步是在21世纪用三十年到五十年再翻两番。目标大体上是人均达到四千美元。”这段话完整地表述了从20世纪80年代到21世纪中叶共70年时间我国现代化三步发展战略的设想，标志着邓小平关于我国现代化建设战略构想的成熟。

——平息1989年发生在北京的政治风波

1989年6月，邓小平果断平息了发生在北京的政治风波。6月9日，邓小平在接见首都戒严部队军以上干部时的讲话中指出：“这场风波迟早要来。这是国际的大气候和中国自己的小气候所决定了的，是一定要来的，是不以人们的意志为转移的，只不过是迟早的问题，大小的问题。而现在来，对我们比较有利。最有利的是，我们有一大批老同志健在，他们经历的风波多，懂得事情的利害关系，他们是支持对暴乱采取坚决行动的。虽然有一些同志一时还不理解，但最终是会理解的，会支持中央这个决定的。”“事情一爆发出来，就很明确。他们的根本口号主要是两个，一是要打倒共产党，一是要推翻社会主义制度。他们的目的是要建立一个完全西方附庸化的资产阶级共和国。”“这次事件爆发出来，很值得我们思索，促使我们很冷静地考虑一下过去，也考虑一下未来。也许这件坏事会使我们改革开放的步子迈得更稳、更好，甚至于更快，使我们的失误纠正得更快，使我们的长处发扬得更好。”

——把民主法制建设问题突出提到全党面前

邓小平高度重视社会主义民主政治建设，始终强调要发展社会主义民主，加强社会主义法制。邓小平说：“中国在历史上是缺乏民主传统的国家，也是缺乏法制传统的国家。只讲民主，不讲法制不行。中国有十年‘文化大革命’的经历，在青年一代中，发展了无政府主义，发展了极端个人主义，所以我们在提倡社会主义民主的同时，也要加强法制。”[①] 党的十五大提出了建设社会主义法治国家的目标。党的十六大做出党内民主是党的生命的重大论断。党的十七大做出人民民主是社会主义生命的重大论断。中国正在走出一条党的领导、人民当家做主和依法治国有机统一的中国特色社会主义政治发展道路。

——提出一系列“两手抓”的方针

党的十一届三中全会以来，邓小平先后针对不同情况，提出了一系列两手抓的方针。强调要一手抓改革开放，一手抓四个坚持；一手抓改革开放，一手抓打击犯罪；一手抓建设，一手抓法制；一手抓物质文明，一手抓精神文明，两个文明都搞好，才是有中国特色的社会主义。两手抓已经成为全党的共识，成为重要的思想方法和工作方法。

特别值得提起的是，邓小平在推进改革开放的历史进程中，牢牢把握了三个重大历史节点，“任凭风浪起，稳坐钓鱼船”，引领我国改革开放和社会主义现代化建设的航船，乘风破浪，胜利前进。

第一个重大历史节点，是1978年党的十一届三中全会前后。当时的中国，面临极其复杂的局面。“文化大革命”刚刚结束，国民经济到了崩溃的边缘，百废待兴，百

① 《邓小平年谱（1975—1997）》上册，第688页

端待举。邓小平及时向全党发出了“解放思想，实事求是，团结一致向前看”的战略号召，胜利召开了十一届三中全会，重新恢复和确立了党的实事求是的思想路线，实现了全党工作重点从“以阶级斗争为纲”到“以经济建设为中心”的战略转移，确立了邓小平作为第二代中央领导集体的核心。有的同志认为，十一届三中全会的意义不低于43年前的遵义会议，这是很有道理的。这两次会议虽然处在不同的历史时期，但有一个根本的共同点，就是实质上确立了毛泽东和邓小平在全党的领导地位，实现了我们党从遭受严重挫折到走向新的胜利的伟大转折。

第二个重大历史节点，是1989年平息北京发生的政治动乱。邓小平领导全党果断平息了动乱。1989年6月9日，他在接见首都戒严部队军以上干部时的重要讲话中，科学分析了形势，明确而肯定地向世界宣布，坚持党的十一届三中全会制定的路线、方针、政策不动摇，坚持“三步走”的战略目标不动摇，坚持十三大概括的“一个中心、两个基本点”不动摇，从而在重大历史关头，鲜明地回答了中国举什么旗、走什么路、朝着什么方向前进的重大问题，稳定了大局，进一步坚定了改革开放的战略决心，树立了中国改革开放的形象。

第三个重大历史节点，是1992年初。邓小平视察南方，就坚定不移地坚持党的“一个中心、两个基本点”的基本路线，坚定不移地走中国特色社会主义道路，坚定不移地抓住机遇，加快改革开放步伐，集中精力把经济搞上去等一系列关系党和国家前途命运的重大问题，发表了具有深远意义的重要谈话。这既是一篇集大成的谈话，概括了邓小平理论的主要之点，又是解放思想、实事求是的新的宣言书，又一次从根本上排除了“左”和右的干扰，把我国改革开放和社会主义现代化建设推进到一个新的发展阶段。

马克思在谈到林肯时，曾经说过：“这是一个不会被困难所吓倒，不会为成功所迷惑的人；他不屈不挠地迈向自己的伟大目标，而从不轻举妄动，他稳步向前，而从不倒退；他既不因人民的热烈拥护而冲昏头脑，也不因人民的情绪低落而灰心丧气；他用仁慈心灵的光辉缓和严峻的行动，用幽默的微笑照亮为热情所蒙蔽的事态；他谦虚地、质朴地进行自己宏伟的工作，决不像那些天生的统治者们那样做一点点小事就大吹大擂。总之，他是一位达到了伟大境界而仍然保持自己优良品质的罕有的人物。”①人格不同，各如其面。但几乎所有时代的伟人，他们具有共同的最优秀品质。

邓小平就是这样一位伟大人物。他给我们党和国家留下了极为巨大的政治财富和思想财富。没有毛泽东，就没有新中国。没有邓小平，就没有中国的改革开放。正如江

① 《马克思恩格斯全集》第16卷，第108、109页

泽民同志所说："如果没有邓小平同志，中国人民就不可能有今天的新生活，中国就不可能有今天改革开放的新局面和社会主义现代化的光明前景。"新中国是毛泽东的最伟大杰作，改革开放是邓小平的最壮丽篇章。

从1840年鸦片战争以后，近代以来的中国，逐步沦为半殖民地、半封建社会。由于社会制度的腐朽，当时的中国社会，有三个显著特点：一是几乎世界上所有帝国主义国家都侵略和压迫过中国，中国已经丧失了作为独立国家的主权；二是由于国内的社会矛盾，特别是由于各派军阀势力以各个帝国主义国家为背景互相争夺，社会战乱不已，国家长期处于四分五裂的状态；三是占中国人口百分之八十以上的农民无地或少地，只能在封建主义和资本主义的剥削和压迫下过着极其贫穷的生活。由当时中国特殊的具体历史条件所决定，中国没有独立地发展资本主义的可能，在强大的帝国主义和封建势力的双重压迫下，软弱的中国民族资产阶级没有力量为发展资本主义创造必要的前提。正是在这种特殊的历史条件下，毛泽东领导我们党勇敢地担负起了资产阶级所没有能力去担负的历史任务，经过艰难曲折的斗争历程，终于彻底完成了民族民主革命的任务，建立了新中国，实现了民族独立和人民解放。

社会主义在中国的出现，这是开天辟地的大事件。从世界范围讲，是社会主义代替资本主义历史发展总过程中的一种规律性现象；从我国的基本国情来说，又是中国具体历史条件下的一种必然的选择。社会主义制度在中国六十多年的伟大实践，虽然有过挫折和失误，但是总起来说，是正确的，是成功的，是胜利前进的。在社会主义制度下，我国不但维护巩固了国家的独立、统一和社会安定，而且使经济日益发展，政治日益进步，文化日益繁荣，社会日益和谐，人民生活日益富裕。这一切，如果走资本主义道路，是不可能做到的。实践证明，只有社会主义才能救中国，只有中国特色社会主义才能发展中国。

党的十一届三中全会以来，邓小平领导我们党在果断地确定全党工作重心战略转移的同时，坚决地做出了实行改革开放和现代化建设的战略决策。改革开放，是我们党在带领全国各族人民走上社会主义道路之后的一次重大抉择，是我国社会主义制度自我完善、自我发展的一次伟大的历史性飞跃。江泽民、胡锦涛和习近平继续领导全党和全国各族人民，把改革开放和中国特色社会主义事业胜利推向前进。改革开放深刻地改变了中国的面貌，也深远地影响了世界的格局。改革开放在当代世界历史性地回答和解决了传统与现代、东方与西方、社会主义与资本主义等重大关系和问题。回顾过去，放眼未来，放眼一切方面，中国从来没有像现在这样充满活力，也从来没有像现在这样重视自己的历史传统；中华文明从来没有像现在这样赢得世界的尊重，也从来没有像现在这样同西方文明及其他文明进行了如此广泛深刻的对话和交流，社会主义中国从来没有像现在这样兴旺发达，也从来没有像现在这样从世界包括资本主义国家学习这样多的东西。

德国前总理施密特说："中国的高度文明已经有四五千年的历史，其特殊之处在于，尽管它非常古老，但它仍有活力。""当今的中国非常有吸引力，因为中国进行着一项伟大的实验。中国创造了世界奇迹。"

美国著名学者扎卡里亚认为，几百年以来，世界上最富裕的国家人口都很少，丹麦550万人，荷兰1660万人。在发达工业国家里，美国人口最多。中、印的崛起是一个新崛起的世界最明白的表现，是全球力量转变的标志。

改革开放带来的不仅是经济的发展和繁荣，更深刻和更具长远意义的，是中国人民精神面貌的巨大变化，是中华民族素质的巨大进步，是中国共产党执政能力的巨大提高。正如习近平同志所深刻指出的：改革开放是当代中国发展进步的活力之源，是我们党和人民大踏步赶上时代前进步伐的重要法宝，是坚持和发展中国特色社会主义的必由之路；是决定当代中国命运的关键一招，也是实现"两个一百年"奋斗目标、实现中华民族伟大复兴的关键一招。

毛泽东早在民主革命时，就曾经断言，中国将成为一个光明的中国。1956年，毛泽东在《纪念孙中山先生》一文中进一步指出："再过四十五年，就是二千零一年，也就是进到二十一世纪的时候，中国的面目更要大变。中国将变为一个强大的社会主义工业国。中国应当这样。因为中国是一个具有九百六十万平方公里土地和六万万人口的中国，中国应当对于人类有较大的贡献。”毛泽东对历史大势的战略洞察力、预见力令人惊叹不已，他对人类社会进步所怀有的伟大使命感，更让全世界为之动容。今天，全世界都看到和感受到了中国的光明。这是伟大的中华民族和伟大的中华文明的光明，这是伟大的中国共产党和伟大的社会主义制度的光明。这是改革开放的光明，这是创新发展的光明，这是科学和谐的光明，这是人心人性的光明。这光明多么灿烂、多么温馨、多么沁人心脾、多么让人感动！它照亮大地、照亮天空、照亮世界的每一个角落！

第六章

战略思想：新思考、新论断和新经典（上）

邓小平指出：真正的马克思列宁主义者必须根据现在的情况，认识、继承和发展马克思列宁主义。世界形势日新月异，特别是现代科学技术发展很快。现在的一年抵得上过去古老社会几十年、上百年甚至更长的时间。不以新的思想、观点去继承、发展马克思主义，不是真正的乌克思主义者。列宁之所以是一个真正的伟大的马克思主义者，就在于他不是从书本里，而是从实际、逻辑、哲学思想、共产主义理想上找到革命道路，在一个落后的国家干成了十月社会主义革命。中国伟大的马克思列宁主义者毛泽东，并不是在马克思、列宁的书本里寻求在落后的中国夺取新民主主义革命胜利的途径。马克思能预料到在一个落后的俄国会实现十月革命吗？列宁能预料到中国会用农村包围城市夺取胜利吗？革命是这样，建设也是这样。在革命成功后，各国必须根据自己的条件建设社会主义。固定的模式是没有的，也不可能有。墨守成规的观点只能导致落后，甚至失败。

毛泽东、邓小平是伟大的战略家，也是伟大的战略思想家。他们在开创中国特色新民主主义革命道路和中国特色社会主义道路，推进中国革命、建设、改革的伟大历史进程中，不断提出新的重大战略思想，实现了马克思主义中国化的两次历史性飞跃，不断把马克思主义中国化推向前进。

1964 年，毛泽东在《关于人的认识问题》一文中说："世界是无限的。世界在时间上、在空间上都是无穷无尽的。在太阳系外有无数个恒星，太阳系和这些恒星组成银河系。银河系外又有无数个'银河系'。宇宙从大的方面看来是无限的。宇宙从小的方面看来也是无限的。不但原子可分，原子核也可分，电子也可以分，而且可以无限制地分割下去。庄子讲'一尺之捶，日取其半，万世不竭'，这是对的。因此，我们对世界的认识也是无穷无尽的。要不然物理学这门科学就不再会发展了。如果我们的认识是有穷尽的，我们已经把一切都认识到了，还要我们这些人干什么?”①

1959年，在《读苏联〈政治经济学教科书〉的谈话》中，毛泽东说过：“我们党里有人说，学哲学只要学《反杜林论》、《唯物主义和经验批判主义》就够了，其他的书可以不必读。这种观点是错的。马克思这些老祖宗的书，必须读。他们的基本原理必须遵守，这是第一。但是，任何国家的共产党，任何国家的思想界，都要创造新的理论，写出新的著作，产生自己的理论家，来为当前的政治服务，单靠老祖宗是不行的。只有马克思和恩格斯，没有列宁，不写出《两个策略》等著作，就不能解决1905年和以后出现的新问题。单有1908年的《唯物主义和经验批判主义》，还不足以对付十月革命前后发生的新问题。适应这个时期革命的需要，列宁就写了《帝国主义论》、《国家与革命》等著作。列宁死了，又需要斯大林写出《论列宁主义基础》和《论列宁主义的几个问题》这样的著作，来对付反对派，保卫列宁主义。我们在第二次国内革命战争末期和抗战初期写了《实践论》、《矛盾论》，这些都是适应于当时的需要而不能不写的。现在，我们已经进入社会主义时代，出现了一系列的新问题，如果单有《实践论》、《矛盾论》，不适应新的需要，写出新的著作，形成新的理论，也是不行的。”②

① 《毛泽东文集》第八卷，第389页

② 《毛泽东文集》第八卷，第109页

1979年，在《坚持四项基本原则》的重要讲话中，邓小平指出，“科学社会主义是在实际斗争中发展着，马列主义、毛泽东思想是在实际斗争中发展着。我们当然不会由科学的社会主义退回到空想的社会主义，也不会让马克思主义停留在几十年或一百多年前的个别论断的水平上。所以我们反复说，解放思想，就是要运用马列主义、毛泽东思想的基本原理，研究新情况，解决新问题。”①

1989年，邓小平在《结束过去，开辟未来》的著名谈话中，指出：“多年来，存在一个对马克思主义、社会主义的理解问题。”“马克思去世以后一百多年，究竟发生了什么变化，在变化的条件下，如何认识和发展马克思主义，没有搞清楚。绝不能要求马克思为解决他去世之后上百年、几百年所产生的问题提供现成答案。列宁同样也不能承担为他去世以后五十年、一百年所产生的问题提供现成答案的任务。真正的马克思列宁主义者必须根据现在的情况，认识、继承和发展马克思列宁主义。世界形势日新月异，特别是现代科学技术发展很快。现在的一年抵得上过去古老社会几十年、上百年甚至更长的时间。不以新的思想、观点去继承、发展马克思主义，不是真正的马克思主义者。列宁之所以是一个真正的伟大的马克思主义者，就在于他不是从书本里，而是从实际、逻辑、哲学思想、

① 《邓小平文选》第二卷，第179页

共产主义理想上找到革命道路，在一个落后的国家干成了十月社会主义革命。中国伟大的马克思列宁主义者毛泽东，并不是在马克思、列宁的书本里寻求在落后的中国夺取新民主主义革命胜利的途径。马克思能预料到在一个落后的俄国会实现十月革命吗？列宁能预料到中国会用农村包围城市夺取胜利吗？革命是这样，建设也是这样。在革命成功后，各国必须根据自己的条件建设社会主义。固定的模式是没有的，也不可能有。墨守成规的观点只能导致落后，甚至失败。”①

邓小平在领导改革开放和社会主义现代化建设伟大实践的过程中，进行了巨大的理论创新，在毛泽东思想的基础上，创立和形成了邓小平理论，实现了马克思主义中国化第二次历史性飞跃。邓小平的理论创新，是一种战略创新。这个战略创新的主题，是中国特色社会主义。

中国特色社会主义，是邓小平理论的主题，也是当代中国全部理论和实践的主题。邓小平理论的全部内容，都是围绕这个主题深化和展开的。

邓小平理论，是在和平与发展成为时代主题的历史条件下，在我国改革开放和现代化建设的实践中，在总结我国社会主义胜利和挫折的历史经验并借鉴其他社会主义国家兴衰成败历史经验的基础上，逐步形成和发展起来的。

---

① 《邓小平文选》第三卷，第 291—292 页

它第一次比较系统地初步回答了中国社会主义的发展道路、发展阶段、根本任务、发展动力、外部条件、政治保证、战略步骤、党的领导和依靠力量以及祖国统一等一系列基本问题，指导我们党制定了在社会主义初级阶段的基本路线。它是贯通哲学、政治经济学、科学社会主义等领域，涵盖经济、政治、科技、教育、文化、民族、军事、外交、统一战线、党的建设等方面比较完备的科学体系，又是需要从各方面进一步丰富发展的科学体系。

我们党十四大、十五大两次代表大会，对邓小平理论作了集中概括。

邓小平理论的主要内容有：

在社会主义的发展道路问题上，强调走自己的路，不把书本当教条，不照搬外国模式，以马克思主义为指导，以实践作为检验真理的唯一标准，解放思想，实事求是，尊重群众的首创精神，建设中国特色社会主义。在社会主义的发展阶段问题上，做出了我国还处在社会主义初级阶段的科学论断，强调这是一个至少上百年的很长的历史阶段，制定一切方针政策都必须以这个基本国情为依据，不能脱离实际，超越阶段。在社会主义的根本任务问题上，指出社会主义的本质是解放生产力，发展生产力，消灭剥削，消除两极分化，最终达到共同富裕。强调现阶段我国社会的主要矛盾是人民日益增长的物质文化需要同落后的社会生产之间的矛盾，必须把发展生产力摆在首要位置，以经济建设为中心，推动社会全面进步。判断各方面工作的是非得失，归根到底，要以是否有利于发展社会主义社会的生产力，是否有利于增强社会主义国家的综合国力，是否有利于提高人民的生活水平为标准。科学技术是第一生产力，经济建设必须依靠科技进步和劳动者素质的提高。在社会主义的发展动力问题上，强调改革也是一场革命，也是解放生产力，是中国现代化的必由之路，僵化停滞是没有出路的。经济体制改革的目标，是在坚持公有制和按劳分配为主体、其他经济成分和分配方式为补充的基础上，建立和完善社会主义市场经济体制。政治体制改革的目标，是以完善人民代表大会制度、共产党领导的多党合作和政治协商制度为主要内容，发展社会主义民主政治。同经济、政治的改革和发展相适应，以“有理想、有道德、有文化、有纪律”为目标，建设社会主义精神文明。在社会主义建设的外部条件问题上，指出和平与发展是当代世界两大主题，必须坚持独立自主的和平外交政策，为我国现代化建设争取有利的国际环境。强调实行对外开放是改革和建设必不可少的，应当吸收和利用世界各国包括资本主义发达国家所创造的一切先进文明成果来发展社会主义，封闭只能导致落后。在社会主义建设的政治保证问题上，强调坚持社会主义道路、坚持人民民主专政、坚持中国共产党的领导、坚持马克思列宁主义毛泽东思想。这四项基本原则是立国之本，是改革开放和现代化建设健康发展的保证，又从改革开放和现代化建设获得新的时代内容。在社会主义建设的战略步骤问题上，提出基本实现现代化分三步走。在现代化建设的长过程中要抓住时机，争取出现若干个发展速度比较快、效益又比较好的阶段，每隔几年上一个台阶。贫穷不是社会主义，同步富裕又是不可能的，必须允许和鼓励一部分地区一部分人先富起来，以带动越来越多的地区和人们逐步达到共同富裕。在社会主义的领导力量和依靠力量问题上，强调作为工人阶级先锋队的共产党是社会主义事业的领导核心，党必须适应改革开放和现代化建设的需要，不断改善和加强对各方面工作的领导，改善和加强自身建设。执政党的党风，党同人民群众的联系，是关系党生死存亡的问题。必须依靠广大工人、农民、知识分子，必须依靠各民族人民的团结，必须依靠全体社会主义劳动者、拥护社会主义的爱国者和拥护祖国统一的爱国者的最广泛的统一战线。党领导的人民军队是社会主义祖国的保卫者和建设社会主义的重要力量。在祖国统一的问题上，提出“一个国家、两种制度”的创造性构想。在一个中国的前提下，国家的主体坚持社会主义制度，香港、澳门、台湾保持原有的资本主义制度长期不变，按照这个原则来推进祖国和平统一大业的完成。

邓小平理论有三大支柱：

第一大支柱，是社会主义初级阶段论。

正确认识中国社会所处的历史阶段，是建设中国特色社会主义的首要问题。

在我国社会主义制度建立以后，我们党和毛泽东同志对这个问题，进行了艰辛的探索，既有宝贵经验，也有深刻教训。

邓小平依据历史唯物主义的原理和对中国国情的科学分析，第一次明确提出我国正处在社会主义初级阶段。

1987 年 8 月在一次会见外宾的谈话中，邓小平说，社会主义本身是共产主义的初级阶段，而我们中国又处在社会主义的初级阶段，就是不发达的阶段。一切都要从这个实际出发，根据这个实际来制订规划。

邓小平这个重要论断，在科学社会主义发展史上，意义极为重大和深远。它是中国特色社会主义理论得以形成的根本依据，也是十一届三中全会以来改革开放和现代化建设的一整套理论、路线、方针、政策得以确立的根本依据。

1987 年 10 月召开的党的第十三次全国代表大会的一大历史功绩，就是比较系统地论述和阐明了社会主义初级阶段理论，集中概括了党的“一个中心、两个基本点”的基本路线。邓小平在会见外宾时说，十三大解答了一系列根本性问题，使十一届三中全会以来制定的一系列方针、政策能够持久地延续下去。

关于社会主义初级阶段的基本国情，继党的十三大之后，党的十五大、十七大两次全国代表大会，又作了进一步的集中阐述。

党的十五大的阐述，主要是着眼于搞清楚什么是初级阶段的社会主义、在初级阶段怎样建设社会主义，明确为什么必须实行现在这样的路线和政策而不能实行别样的路线和政策；进一步分析社会主义初级阶段在经济、政治、文化、社会等各个方面的具体特征；确定党在社会主义初级阶段的基本纲领。

党的十七大的阐述，主要是着眼于全面建设小康社会、发展中国特色社会主义新的奋斗目标，分析新世纪新阶段我国发展呈现出的一系列阶段性特征，明确科学发展观提出的时代背景和实践基础。

改革开放三十多年的实践告诉我们，改革开放以来，我国取得了举世瞩目的伟大成就，经济、政治、文化、社会各个领域都发生了深刻的重大变化，但我国仍处于并将长期处于社会主义初级阶段的基本国情没有变，人民日益增长的物质文化需求同落后的社会生产之间的主要矛盾没有变。这是我国的最大实际，是党和国家全部工作的根本立足点，我们一定要紧密结合各方面工作实际牢牢把握好。

邓小平推动改革开放的历史进程，始终注意从社会主义初级阶段的基本国情出发。

他首先把关注的焦点集中在九亿农民身上。他认为，中国有百分之八十的人口在农村。中国社会是不是安定，中国经济能不能发展，首先要看农村能不能发展，农民生活是不是好起来。他肯定了四川、安徽两省农民群众的伟大创造，做出了在全国农村实行家庭联产承包责任制的战略决策。农村改革很快收到实效。

农村改革成功的意义巨大。

正如一位外国分析家指出的："西方经济学家可能将中国贫困减少的功劳归于直接外来投资和全球化。但是，真正的功劳是农村改革。中国贫困减少的大部分都来自上世纪 80 年代的前五年。同样是在那个时期，收入分配改善了。""中国的成功或者失败不是取决于北京或者上海修建了多少摩天大楼，而是取决于它广阔农村的经济成就。如果农村收入得不到改善，如果农民被迫为他们的医疗和教育支出把钱都存起来，国内消费将不会增长。如果农村土地权利得不到保障，如果中国的金融系统无法为经济中最有活力的力量——创新的农村企业家服务，中国将不会成为真正的市场经济。"

第二大支柱，是社会主义市场经济论。

党的十一届三中全会以来，邓小平至少有十次谈市场经济问题。

第一次，1979 年 11 月，邓小平指出："说市场经济只存在于资本主义社会，只有资本主义的市场经济，这肯定是不正确的。社会主义为什么不可以搞市场经济，这个不能说是资本主义。我们是计划经济为主，也结合市场经济，但这是社会主义的市场经济。虽然方法上基本上和资本主义社会的相似，但也有不同，是全民所有制之间的关系，当然也有同集体所有制之间的关系，也有同外国资本主义的关系，但是归根到底是社会主义的，是社会主义社会的。市场经济不能说只是资本主义的。市场经济，在封建社会时期就有了萌芽。社会主义也可以搞市场经济。同样地，学习资本主义国家的某些好东西，包括经营管理方法，也不等于实行资本主义。这是社会主义利用这种方法来发展社会生产力。把这当作方法，不会影响整个社会主义，不会重新回到资本主义。”①

第二次，1980 年 1 月，邓小平指出：“我们在发展经济方面，正在寻求一条合乎中国实际的，能够快一点、省一点的道路，其中包括扩大企业自主权和民主管理，发展专业化和协作，计划调节和市场调节相结合，先进技术和中等技术相结合，合理地利用外国资金、外国技术等等。我们付了学费，也吃了一些亏，但是重要的是，我们正在积累本领，而且已经开始取得效果。现在需要总结经验，搞快一点、好一点，需要制定经济体制改革的原则，需要制订长远规划。”②

第三次，1982 年 10 月，邓小平指出：“社会主义同

① 《邓小平文选》第二卷，第 236 页

② 《邓小平文选》第二卷，第 246、247 页

资本主义比较，它的优越性就在于能做到全国一盘棋，集中力量，保证重点。缺点在于市场运用得不好，经济搞得不活。计划与市场的关系问题如何解决？解决得好，对经济的发展就很有利，解决不好，就会糟。”①

第四次，1984 年 10 月，邓小平指出：“比如《关于经济体制改革的决定》，前天中央委员会通过这个决定的时候我讲了几句话，我说我的印象是写出了一个政治经济学的初稿，是马克思主义基本原理和中国社会主义实践相结合的政治经济学，我是这么个评价。”②

第五次，1985 年 10 月，邓小平指出：“社会主义和市场经济之间不存在根本矛盾。问题是用什么方法才能更有力地发展社会生产力。我们过去一直搞计划经济，但多年的实践证明，在某种意义上说，只搞计划经济会束缚生产力的发展。把计划经济和市场经济结合起来，就更能解放生产力，加速经济发展。”“多年的经验表明，要发展生产力，靠过去的经济体制不能解决问题。所以，我们吸收资本主义中一些有用的方法来发展生产力。现在看得很清楚，实行对外开放政策，搞计划经济和市场经济相结合，进行一系列的体制改革，这个路子是对的。这样做是否违反社会主义的原则呢？没有。因为我们在改革中坚持了两条，一条是公有制经济始终占主体地位，一条是发展经济

① 《邓小平文选》第三卷，第 16、17 页

② 《邓小平文选》第三卷，第 83 页

要走共同富裕的道路，始终避免两极分化。我们吸收外资，允许个体经济发展，不会影响以公有制经济为主体这一基本点。相反地，吸收外资也好，允许个体经济的存在和发展也好，归根到底，是要更有力地发展生产力，加强公有制经济。只要我国经济中公有制占主体地位，就可以避免两极分化。”①

第六次，1987 年 2 月，邓小平指出：“为什么一谈市场就说是资本主义，只有计划才是社会主义呢？计划和市场都是方法嘛。只要对发展生产力有好处，就可以利用。它为社会主义服务，就是社会主义的；为资本主义服务，就是资本主义的。好像一谈计划就是社会主义，这也是不对的，日本就有一个企划厅嘛，美国也有计划嘛。我们以前是学苏联的，搞计划经济。后来又讲计划经济为主，现在不要再讲这个了。”②

第七次，1989 年 6 月，邓小平指出：“我们要继续坚持计划经济与市场调节相结合，这个不能改。实际工作中，在调整时期，我们可以加强或者多一点计划性，而在另一个时候多一点市场调节，搞得更灵活一些。以后还是计划经济与市场调节相结合。”③

第八次，1990 年 12 月，邓小平指出：“我们必须从

① 《邓小平文选》第三卷，第 148、149 页

② 《邓小平文选》第三卷，第 203 页

③ 《邓小平文选》第三卷，第 306 页

理论上搞懂，资本主义与社会主义的区分不在于是计划还是市场这样的问题。社会主义也有市场经济，资本主义也有计划控制。资本主义就没有控制，就那么自由？最惠国待遇也是控制嘛！不要以为搞点市场经济就是资本主义道路，没有那么回事。计划和市场都得要。不搞市场，连世界上的信息都不知道，是自甘落后。”①

第九次，1991 年 1—2 月，邓小平指出：“不要以为，一说计划经济就是社会主义，一说市场经济就是资本主义，不是那么回事，两者都是手段，市场也可以为社会主义服务。”②

第十次，1992 年 1—2 月，邓小平指出：“计划多一点还是市场多一点，不是社会主义与资本主义的本质区别。计划经济不等于社会主义，资本主义也有计划；市场经济不等于资本主义，社会主义也有市场。计划和市场都是经济手段。”③

邓小平的一系列重要论述，讲清了社会主义和市场经济的关系，奠定了社会主义市场经济的理论基础。

1992 年 6 月，江泽民在党的十四大上对“社会主义市场经济”的概念，作了深入阐述。党的十四大明确提出，我国经济体制改革的目标是建立社会主义市场经济体

---

① 《邓小平文选》第三卷，第 364 页

② 《邓小平文选》第三卷，第 367 页

③ 《邓小平文选》第三卷，第 373 页

制。党的十四届三中全会和党的十六届三中全会两次全会专门就建立和完善社会主义市场经济体制若干重大问题做出决定。党的十七大、十八大进一步对完善社会主义市场经济体制做出部署。党的十八届三中全会《决定》提出："全面深化改革的总目标是完善和发展中国特色社会主义制度，推进国家治理体系和治理能力现代化"，对全面深化改革作出影响深远的新的战略决策。

第三大支柱，是执政党建设论。

毛泽东建党思想解决了在一个半殖民地半封建社会、农民占人口绝大多数、工人阶级人数很少而战斗力很强的国家，建设一支马克思主义的中国工人阶级先锋队问题。

邓小平执政党建设理论解决了在党执政和实行改革开放、发展社会主义市场经济新的历史条件下，建设一个什么样的党、怎样建设党的问题。

邓小平始终十分重视作为执政党的中国共产党的自身建设。党的十一届三中全会以后，邓小平在提出建设中国特色社会主义重大命题的同时，从多方面论述了执政党建设问题。

邓小平的论述主要有：在党的奋斗纲领和历史使命上，强调党的最终目标是实现共产主义的社会制度，社会主义是共产主义的初级阶段。中国现在处于社会主义初级阶段。我们要建设的是中国特色的社会主义。根本的任务是集中力量发展生产力，不断提高人民生活水平，实现社会主义现代化。强调全面坚持党的基本路线一百年不动摇，密切联系党的政治任务、政治路线建设党。在党的性质和建设目标上，强调党是无产阶级的先锋队，是统一的、有共产主义觉悟的、有纪律的队伍，是全国各族人民利益的忠实代表。在新的历史时期，要把党建设为有战斗力的马克思主义政党，成为领导人民进行社会主义物质文明和精神文明建设的坚强核心。在党的领导问题上，强调坚持四项基本原则的核心是坚持共产党的领导。办好中国的事情，关键在党。西方的多党制不适合社会主义中国的国情。对党内外任何企图削弱、摆脱、取消、反对党的领导的倾向，必须进行批评、教育以至必要的斗争。为了坚持党的领导，必须努力改善党的领导，改善党的工作状况、组织状况，改革党和国家的领导制度。党领导人民制定宪法和法律，党也必须在宪法和法律范围内活动。在党的思想建设上，强调马克思主义是揭示人类社会发展规律的科学，是颠扑不破的真理。我们坚信马克思主义。必须坚持解放思想、实事求是的思想路线，根据新的情况，在建设中国特色社会主义的实践中认识、继承和发展马克思主义。全党都要重新学习，善于学习，根本的是学习马克思主义。在党的组织建设上，强调正确的政治路线要靠正确的组织路线来保证。中国的事情能不能办好，从一定意义上说关键在人。干部队伍要实现革命化、年轻化、知识化、专业化，首先是革命化。选贤任能也是革命。要尊重知识、尊重人才。在党的作风建设上，强调执政党的党风是关系党的生死存亡的问题。要坚持理论联系实际、密切联系群众、批评与自我批评的良好作风，反对官僚主义、形式主义和主观主义。搞好党风，各级领导干部要以身作则。整个改革开放过程中都要反对腐败。廉政建设要靠教育，更要靠法制。在党的制度建设上，强调领导制度、组织制度问题更带有根本性、全局性、稳定性和长期性。民主集中制是党和国家最根本的制度，永远不能丢。要充分发扬民主，实行正确集中，防止个人专断和极端民主化。坚持个人服从组织、少数服从多数、下级服从上级、全党服从中央，维护中央权威，增强党的团结和统一。在党的宗旨和工作路线上，强调党的全部任务就是全心全意为人民服务。要把人民拥护不拥护、赞成不赞成、高兴不高兴、答应不答应作为我们党的各项方针政策的出发点和归宿。密切党同人民群众的联系，是坚持和改善党的领导的一个根本问题。一切工作都要走群众路线。在党要管党、从严治党上，强调党要一管党员，二管干部，首先要管好领导干部，特别是高级干部。党要受监督，党员要受监督。在同外国政党的关系上，强调要按照独立自主、完全平等、互相尊重、互不干涉内部事务的原则，发展同各国政党的关系。尊重各国党和人民自己选择发展道路，探索解决本国的问题。

第七章

战略思想：新思考、新论断和新经典（下）

继毛泽东《实践论》、《矛盾论》、《论持久战》、《在延安文艺座谈会上的讲话》、《论联合政府》、《中国革命和中国共产党》、《新民主主义论》、《论人民民主专政》、《论十大关系》、《关于正确处理人民内部矛盾的问题》等经典著作之后，邓小平根据新时期的新实践，作出了新的理论概括，写出了新的经典著作。主要有：《解放思想，实事求是，团结一致向前看》、《党和国家领导制度的改革》、《中国共产党第十二次代表大会开幕词》、《我们对香港问题的基本立场》、《一个国家，两种制度》、《和平和发展是当代世界的两大问题》、《一切从社会主义初级阶段的实际出发》、《在接见首都戒严部队军以上干部时的讲话》、《国家的主权和安全要始终放在第一位》、《在武昌、深圳、珠海、上海等地的谈话要点》等。这些新的经典著作，同毛泽东的著作一样，是被实践证明了正确的、管用的、真正能够解决中国问题的科学著作。它们反映和代表了一个时代。

邓小平在研究新情况、解决新问题的过程中，不断进行新的思考。他的思考，是一个伟大马克思主义者的思考，他精通马克思主义的立场、观点、方法，尊重实践，尊重群众，懂实事求是；他的思考，是一个伟大战略家、政治家的思考，他眼界十分宽阔，襟怀十分宽阔，放眼当前，放眼长远，放眼一切方面，他始终关注时代、实践和科学的发展，始终关注世情、国情、党情、民情的深刻变化，始终关注党和国家现实所发生的一切。因而，他的思考，不是从书本、经验出发，也不受任何条条框框的限制。邓小平理论的创立，是集中全党智慧的结晶，也是邓小平独立思考的结晶。邓小平以他特有的理论品格和语言风格，在独立思考基础上，提出的一系列新思想、新观点、新论断，既是邓小平理论的重要内容，也是整个马克思主义和中华民族思想宝库中独具特色的思想财富。例如：

走自己的道路，建设有中国特色的社会主义。1982

年9月1日，邓小平在中国共产党第十二次全国代表大会上致开幕词，提出：我们的现代化建设，必须从中国的实际出发。无论是革命还是建设，都要注意学习和借鉴外国经验。但是，照抄照搬别国经验、别国模式，从来不能得到成功。这方面我们有过不少教训。把马克思主义的普遍真理同我国的具体实际结合起来，走自己的道路，建设有中国特色的社会主义，这就是我们总结长期历史经验得出的基本结论。①

生产力方面的革命是最根本的革命。1980年4月1日，邓小平同中央负责同志谈话，提出：革命是要搞阶级斗争，但革命不只是搞阶级斗争。生产力方面的革命也是革命，而且是很重要的革命，从历史的发展来讲是最根本的革命。同月12日，邓小平在会见赞比亚总统卡翁达时，提出：中国是一个大国，它应该起更多的作用，但现在力量有限，名不副实。归根到底是要使我们发展起来。现在说我们穷还不够，是太穷，同自己的地位完全不相称。所以，从去年起，我们就把工作着重点转到了建设上。我们要把这条路线一直贯彻下去，决不动摇。② 1980年5月5日，邓小平会见几内亚总统杜尔，提出：社会主义是一个很好的名词，但是如果搞不好，不能正确理解，不能采取正确的政策，那就体现不出社会主义的本质。根据我们自

① 《邓小平文选》第三卷，第2、3页

② 《邓小平文选》第二卷，第311、312页

己的经验，讲社会主义，首先就要使生产力发展，这是主要的。只有这样，才能表明社会主义的优越性。社会主义经济政策对不对，归根到底要看生产力是否发展，人民收入是否增加。这是压倒一切的标准。空讲社会主义不行，人民不相信。[①] 1984 年 10 月 10 日，邓小平在会见联邦德国总理科尔时提出：一九七八年开的是十一届三中全会，过几天我们要开十二届三中全会，这将是一次很有特色的全会。前一次三中全会重点在农村改革，这一次三中全会则要转到城市改革，包括工业、商业和其他行业的改革，可以说是全面的改革。无论是农村改革还是城市改革，其基本内容和基本经验都是开放，对内把经济搞活，对外更加开放。虽然城市改革比农村复杂，但是有了农村改革的成功经验，我们对城市改革很有信心。农村改革三年见效，城市改革时间要长一些，三年五载也会见效。十二届三中全会的决议公布后，人们就会看到我们全面改革的雄心壮志。我们把改革当作一种革命，当然不是“文化大革命”那样的革命。[②] 1985 年 7 月 11 日，邓小平听取中央负责人汇报，提出：改革的意义，是为下一个十年和下世纪的前五十年奠定良好的持续发展的基础。没有改革就没有今后的持续发展。所以，改革不只是看三年五年，而是

---

① 《邓小平文选》第二卷，第 313、314 页

② 《邓小平文选》第三卷，第 81、82 页

要看二十年，要看下世纪的前五十年。这件事必须坚决干下去。[①] 1992年邓小平在视察南方的谈话中提出：革命是解放生产力，改革也是解放生产力。推翻帝国主义、封建主义、官僚资本主义的反动统治，使中国人民的生产力获得解放，这是革命，所以革命是解放生产力。社会主义基本制度确立以后，还要从根本上改变束缚生产力发展的经济体制，建立起充满生机和活力的社会主义经济体制，促进生产力的发展，这是改革，所以改革也是解放生产力。过去，只讲在社会主义条件下发展生产力，没有讲还要通过改革解放生产力，不完全。应该把解放生产力和发展生产力两个讲全了。[②]

社会主义要消灭贫穷，贫穷不是社会主义。1984年6月30日，邓小平在会见第二次中日民间人士会议日方委员会代表团时提出：什么叫社会主义，什么叫马克思主义？我们过去对这个问题的认识不是完全清醒的。马克思主义最注重发展生产力。我们讲社会主义是共产主义的初级阶段，共产主义的高级阶段要实行各尽所能、按需分配，这就要求社会生产力高度发展，社会物质财富极大丰富。所以社会主义阶段的最根本任务就是发展生产力，社会主义的优越性归根到底要体现在它的生产力比资本主义

① 《邓小平文选》第三卷，第131页

② 《邓小平文选》第三卷，第370页

发展得更快一些、更高一些，并且在发展生产力的基础上不断改善人民的物质文化生活。如果说我们建国以后有缺点，那就是对发展生产力有某种忽略。社会主义要消灭贫穷。贫穷不是社会主义，更不是共产主义。①

农村、城市都要允许一部分人先富裕起来，一部分地区先富裕起来。1983 年 1 月 12 日，邓小平在同国家计委、国家经委和农业部门负责同志谈话时提出：农村、城市都要允许一部分人先富裕起来，勤劳致富是正当的。一部分人先富裕起来，一部分地区先富裕起来，是大家都拥护的新办法，新办法比老办法好。农业搞承包大户我赞成，现在放得还不够。总之，各项工作都要有助于建设有中国特色的社会主义，都要以是否有助于人民的富裕幸福，是否有助于国家的兴旺发达，作为衡量做得对或不对的标准。②

精简机构是一场革命。1982 年 1 月 13 日，邓小平在中共中央政治局讨论中央机构精简问题会议上讲话时提出：精简机构是一场革命。精简这个事情可大啊！如果不搞这场革命，让党和国家的组织继续目前这样机构臃肿重叠、职责不清，许多人员不称职、不负责，工作缺乏精力、知识和效率的状况，这是不可能得到人民赞同的，包括我们自己和我们下面的干部。这确是难以为继的状态，

① 《邓小平文选》第三卷，第 63、64 页

② 《邓小平文选》第三卷，第 23 页

确实到了不能容忍的地步，人民不能容忍，我们党也不能容忍。[①]

选贤任能也是革命。在1982年1月13日中共中央政治局讨论中央机构精简问题会议上，邓小平还提出：精简是革命，选贤任能也是革命。出要解决好，更重要的是解决进。[②] 1991年8月20日，邓小平提出：我们现在不是人才多了，而是真正的人才没有很好地发现，发现了没有果断地起用。总的看，我们对使用人才的问题重视不够。建议中央总结一下用人的问题，尊重人才，广开进贤之路。[③]

尊重知识，尊重人才。1977年5月24日，邓小平在同中央两位同志谈话时提出：一定要在党内造成一种空气：尊重知识，尊重人才。要反对不尊重知识分子的错误思想。不论脑力劳动，体力劳动，都是劳动。从事脑力劳动的人也是劳动者。将来，脑力劳动和体力劳动更分不开来。[④] 1978年3月18日，邓小平在全国科学大会开幕式上讲话，提出：在社会主义社会里，工人阶级自己培养的脑力劳动者，与历史上的剥削社会中的知识分子不同了。在我国社会主义改造的过程中，毛泽东同志曾经指出过，

① 《邓小平文选》第二卷，第344、345页

② 《邓小平文选》第二卷，第401页

③ 《邓小平年谱（1975—1997）》下册，第1331页

④ 《邓小平文选》第二卷，第41页

从旧社会过来的知识分子，有一个依附在哪张“皮”上的问题。在社会主义历史时期中，只要还存在着阶级矛盾和阶级斗争，知识分子就需要注意解决是否坚持工人阶级立场的问题。但总的说来，他们的绝大多数已经是工人阶级和劳动人民自己的知识分子，因此也可以说，已经是工人阶级自己的一部分。他们与体力劳动者的区别，只是社会分工的不同。从事体力劳动的，从事脑力劳动的，都是社会主义社会的劳动者。[①]

教育要面向现代化，面向世界，面向未来。1983 年 10 月 1 日，邓小平为景山学校题词：教育要面向现代化，面向世界，面向未来。[②]

抓教育从中小学抓起，这是有战略眼光的一着。1985 年 5 月 19 日，邓小平在全国教育工作会议上讲话时提出：我们国家，国力的强弱，经济发展后劲的大小，越来越取决于劳动者的素质，取决于知识分子的数量和质量。一个十亿人口的大国，教育搞上去了，人才资源的巨大优势是任何国家比不了的。有了人才优势，再加上先进的社会主义制度，我们的目标就有把握达到。现在小学一年级的娃娃，经过十几年的学校教育，将成为开创二十一世纪大业的生力军。中央提出要以极大的努力抓教育，并且从中小学抓起，这是有战略眼光的一着。如果现在不向全党提出

① 《邓小平文选》第二卷，第 89 页
② 《邓小平文选》第三卷，第 35 页

这样的任务，就会误大事，就要负历史的责任。[1]

科学技术是第一生产力。1988年9月5日，邓小平在会见捷克斯洛伐克总统胡萨克时提出：马克思说过，科学技术是生产力，事实证明这话讲得很对。依我看，科学技术是第一生产力。[2]

中国必须在世界高科技领域占有一席之地。1988年10月24日，邓小平在视察北京正负电子对撞机工程时提出：世界上一些国家都在制定高科技发展计划，中国也制定了高科技发展计划。下一个世纪是高科技发展的世纪。过去也好，今天也好，将来也好，中国必须发展自己的高科技，在世界高科技领域占有一席之地。如果六十年代以来中国没有原子弹、氢弹，没有发射卫星，中国就不能叫有重要影响的大国，就没有现在这样的国际地位。这些东西反映一个民族的能力，也是一个民族、一个国家兴旺发达的标志。现在世界的发展，特别是高科技领域的发展一日千里，中国不能安丁落后，必须一开始就参与这个领域的发展。[3]

金融是现代经济的核心。1991年1月28日—2月28日，邓小平在视察上海时提出：金融很重要，是现代经济的核心。金融搞好了，一着棋活，全盘皆活。上海过去是

① 《邓小平文选》第三卷，第120、121页

② 《邓小平文选》第三卷，第274页

③ 《邓小平文选》第三卷，第279页

金融中心，是货币自由兑换的地方，今后也要这样搞。中国在金融方面取得国际地位，首先要靠上海。那要好多年以后，但现在就要做起。[①]

党的基本路线要管一百年，动摇不得。1992 年 1 月 18 日—2 月 21 日，邓小平在武昌、深圳、珠海、上海等地的谈话要点中提出：要坚持党的十一届三中全会以来的路线、方针、政策，关键是坚持“一个中心、两个基本点”。不坚持社会主义，不改革开放，不发展经济，不改善人民生活，只能是死路一条。基本路线要管一百年，动摇不得。只有坚持这条路线，人民才会相信你，拥护你。[②] 邓小平提出：要害是姓“资”还是姓“社”的问题。判断的标准，应该主要看是否有利于发展社会主义社会的生产力，是否有利于增强社会主义国家的综合国力，是否有利于提高人民的生活水平。[③]

计划多一点还是市场多一点，不是社会主义与资本主义的本质区别。1992 年 1 月 18 日—2 月 21 日，邓小平在武昌、深圳、珠海、上海等地的谈话要点中提出：计划多一点还是市场多一点，不是社会主义与资本主义的本质区别。计划经济不等于社会主义，资本主义也有计划；市场经济不等于资本主义，社会主义也有市场。计划和市场都

---

① 《邓小平文选》第三卷，第 366、367 页

② 《邓小平文选》第三卷，第 370、371 页

③ 《邓小平文选》第三卷，第 372 页

是经济手段。社会主义的本质，是解放生产力，发展生产力，消灭剥削，消除两极分化，最终达到共同富裕。就是要对大家讲这个道理。证券、股市，这些东西究竟好不好，有没有危险，是不是资本主义独有的东西，社会主义能不能用？允许看，但要坚决地试。看对了，搞一两年对了，放开；错了，纠正，关了就是了。关，也可以快关，也可以慢关，也可以留一点尾巴。怕什么，坚持这种态度就不要紧，就不会犯大错误。总之，社会主义要赢得与资本主义相比较的优势，就必须大胆吸收和借鉴人类社会创造的一切文明成果，吸收和借鉴当今世界各国包括资本主义发达国家的一切反映现代社会化生产规律的先进经营方式、管理方法。[①]

发展才是硬道理。1992 年 1 月 18 日—2 月 21 日，邓小平在武昌、深圳、珠海、上海等地的谈话要点中提出：看起来我们的发展，总是要在某一个阶段，抓住时机，加速搞几年，发现问题及时加以治理，而后继续前进。从根本上说，手头东西多了，我们在处理各种矛盾和问题时就立于主动地位。对于我们这样发展中的大国来说，经济要发展得快一点，不可能总是那么平平静静、稳稳当当。要注意经济稳定、协调地发展，但稳定和协调也是相对的，不是绝对的。发展才是硬道理。这个问题要搞清楚。如果

① 《邓小平文选》第三卷，第 373 页

分析不当，造成误解，就会变得谨小慎微，不敢解放思想，不敢放开手脚，结果是丧失时机，犹如逆水行舟，不进则退。①

坚持改革开放是决定中国命运的一招。1991年8月20日，邓小平同江泽民、杨尚昆、李鹏、钱其琛谈话，议论十九日苏联发生的事件。在谈到国内局势时说：现在中国局势稳定，一个是由于处理一九八九年那场动乱时坚持社会主义，一点也不动摇；再一个是由于坚持改革开放。如果不坚持改革开放，不拿实际行动证明这一点，也是不行的。坚持改革开放是决定中国命运的一招。这方面道理也要讲够。②

农业的改革和发展，从长远的观点看，要有两个飞跃。1990年3月3日，邓小平在住地同江泽民、杨尚昆、李鹏等谈话时指出：中国社会主义农业的改革和发展，从长远的观点看，要有两个飞跃。第一个飞跃，是废除人民公社，实行家庭联产承包为主的责任制。这是一个很大的前进，要长期坚持不变。第二个飞跃，是适应科学种田和生产社会化的需要，发展适度规模经营，发展集体经济。这是又一个很大的前进，当然这是很长的过程。③

没有家庭不行，家庭是个好东西。1992年1月27

① 《邓小平文选》第三卷，第377页

② 《邓小平年谱（1975—1997）》下册，第1330页

③ 《邓小平年谱（1975—1997）》下册，第1310、1311页

日，邓小平在谈到家庭问题时说：欧洲发达国家的经验证明，没有家庭不行，家庭是个好东西。都搞集体性质的福利会带来社会问题，比如养老问题，可以让家庭消化。欧洲搞福利社会，由国家、社会承担，现在走不通了。老人多了，人口老化，国家承担不起，社会承担不起，问题就会越来越大。我们还要维持家庭。全国有多少老人，都是靠一家一户养活的。中国文化从孔夫子起，就提倡赡养老人。①

中国发展到一定的程度后，一定要考虑分配问题。1992 年 12 月 18 日，邓小平阅《中国将成为最大的经济国》和《马克思主义新挑战更加令人生畏》两篇文章。指出：中国发展到一定的程度后，一定要考虑分配问题。也就是说，要考虑落后地区和发达地区的差距问题。不同地区总会有一定的差距。这种差距太小不行，太大也不行。如果仅仅是少数人富有，那就会落到资本主义去了。要研究提出分配这个问题和它的意义。到本世纪末就应该考虑这个问题了。我们的政策应该是既不能鼓励懒汉，又不能造成打“内仗”。②

统一战线仍然是一个重要法宝。1979 年 10 月 19 日，邓小平在全国政协、中共中央统战部宴请出席各民主党派和全国工商联代表大会代表时讲话，提出：在我国新的历

① 《邓小平年谱（1975—1997）》下册，第 1338 页

② 《邓小平年谱（1975—1997）》下册，第 1356、1357 页

史时期，我们的革命的爱国的统一战线也进入了一个新的历史发展阶段。统一战线仍然是一个重要法宝，不是可以削弱，而是应该加强，不是可以缩小，而是应该扩大。它已经发展成为全体社会主义劳动者、拥护社会主义的爱国者和拥护祖国统一的爱国者的最广泛的联盟。新时期统一战线的任务，就是要调动一切积极因素，团结一切可以团结的力量，为在本世纪内把我国建设成为现代化的社会主义强国而共同奋斗，还要为促进台湾回归祖国，完成祖国统一大业而共同努力。[①]

在大局下面行动。1984 年 11 月 1 日，邓小平在中央军委座谈会上讲话时提出：现在需要的是全国党政军民一心一意地服从国家建设这个大局，照顾这个大局。这个问题，我们军队有自己的责任，不能妨碍这个大局，要紧密地配合这个大局，而且要在这个大局下面行动。[②]

政治体制改革的第一个目标是巩固社会主义制度。1986 年 9 月 29 日，邓小平在会见波兰统一工人党中央第一书记、国务委员会主席雅鲁泽尔斯基时提出：我们政治体制改革总的目标是三条：第一，巩固社会主义制度；第二，发展社会主义社会的生产力；第三，发扬社会主义民主，调动广大人民的积极性。而调动人民积极性的最中心的环节，还是发展生产力，提高人民的生活水平。生产力

① 《邓小平文选》第二卷，第 203 页

② 《邓小平文选》第三卷，第 99 页

发展了，人民积极性调动起来了，社会主义国家的力量就增强了，社会主义制度就巩固了。[①]

民主是我们的目标，但国家必须保持稳定。1989 年 2 月 26 日，邓小平在会见美国总统布什时提出：中国的问题，压倒一切的是需要稳定。没有稳定的环境，什么都搞不成，已经取得的成果也会失掉。民主是我们的目标，但国家必须保持稳定。[②]

加强和改善党的领导。1980 年 1 月 16 日，邓小平在中共中央召集的干部会议上讲话时提出：从根本上说，没有党的领导，就没有现代中国的一切。没有党的领导，就没有一条正确的政治路线；没有党的领导，就没有安定团结的政治局面；没有党的领导，艰苦创业的精神就提倡不起来；没有党的领导，真正又红又专、特别是有专业知识和专业能力的队伍也建立不起来。这样，社会主义四个现代化建设、祖国的统一、反霸权主义的斗争，也就没有一个力量能够领导进行。这是谁也无法否认的客观事实。怎样改善党的领导，这个重大问题摆在我们的面前。不好好研究这个问题，不解决这个问题，坚持不了党的领导，提高不了党的威信。[③] 1985 年 9 月 23 日，邓小平在中国共产党全国代表会议上讲话，提出：我们现在要建设有中国

① 《邓小平文选》第三卷，第 178 页
② 《邓小平文选》第三卷，第 284 页
③ 《邓小平文选》第二卷，第 266 页

特色的社会主义，时代和任务不同了，要学习的新知识确实很多，这就更要求我们努力针对新的实际，掌握马克思主义基本理论。因为只有这样，才能提高我们运用它的基本原则基本方法，来积极探索解决新的政治经济社会文化基本问题的本领，既把我们的事业和马克思主义理论本身推向前进，也防止一些同志，特别是一些新上来的中青年同志在日益复杂的斗争中迷失方向。因此，我希望党中央能做出切实可行的决定，使全党的各级干部，首先是领导干部，在繁忙的工作中，仍然有一定的时间学习，熟悉马克思主义的基本理论，从而加强我们工作中的原则性、系统性、预见性和创造性。[①] 1980 年 2 月 29 日，邓小平在中共十一届五中全会第三次会议上讲话，提出：开会要开小会，开短会，不开无准备的会。会上讲短话，话不离题。议这个问题，你就对这个问题发表意见，赞成或反对，讲理由，扼要一点；没有话就把嘴巴一闭。不开空话连篇的会，不发离题万里的议论。即使开短会、集体办公，如果一件事情老是议过去议过来，那也不得了。总之，开会、讲话都要解决问题。[②]

领导制度、组织制度问题更带有根本性、全局性、稳定性和长期性。1980 年 8 月 18 日，邓小平在中共中央政治局扩大会议上讲话时提出：我们过去发生的各种错误，

① 《邓小平文选》第三卷，第 146、147 页

② 《邓小平文选》第二卷，第 283 页

固然与某些领导人的思想、作风有关，但是组织制度、工作制度方面的问题更重要。这些方面的制度好可以使坏人无法任意横行，制度不好可以使好人无法充分做好事，甚至会走向反面。即使像毛泽东同志这样伟大的人物，也受到一些不好的制度的严重影响，以至对党对国家对他个人都造成了很大的不幸。我们今天再不健全社会主义制度，人们就会说，为什么资本主义制度所能解决的一些问题，社会主义制度反而不能解决呢？这种比较方法虽然不全面，但是我们不能因此而不加以重视。斯大林严重破坏社会主义法制，毛泽东同志就说过，这样的事件在英、法、美这样的西方国家不可能发生。他虽然认识到这一点，但是由于没有在实际上解决领导制度问题以及其他一些原因，仍然导致了‘文化大革命’的十年浩劫。这个教训是极其深刻的。不是说个人没有责任，而是说领导制度、组织制度问题更带有根本性、全局性、稳定性和长期性。这种制度问题，关系到党和国家是否改变颜色，必须引起全党的高度重视。①

民主集中制问题是根本制度的问题。1992 年 7 月 23 日、24 日，邓小平审阅中共十四大报告稿，表示同意报告的框架。指出：民主集中制我们讲得太少。这个制度是最便利的制度，最合理的制度，是我们的根本制度。用宪

① 《邓小平文选》第二卷，第 333 页

法的语言来表述好。民主集中制问题是根本制度的问题，我们总有一天要找机会把这个问题表述清楚。不管怎么样，要树立一个观念，就是我们党和国家的根本制度是民主集中制。[①]

最根本的是要使广大人民有理想，有道德，有文化，有纪律。1983年4月29日，邓小平在会见印度共产党[②]中央代表团时提出：在社会主义国家，一个真正的马克思主义政党在执政以后，一定要致力于发展生产力，并在这个基础上逐步提高人民的生活水平。这就是建设物质文明。过去很长一段时间，我们忽视了发展生产力，所以现在我们要特别注意建设物质文明。与此同时，还要建设社会主义的精神文明，最根本的是要使广大人民有共产主义的理想，有道德，有文化，守纪律。国际主义、爱国主义都属于精神文明的范畴。[③] 1985年3月7日，邓小平在全国科技工作会议上讲话时提出：我们这么大一个国家，怎样才能团结起来、组织起来呢？一靠理想，二靠纪律。组织起来就有力量。没有理想，没有纪律，就会像旧中国那样一盘散沙，那我们的革命怎么能够成功？我们的建设怎么能够成功？[④]

---

① 《邓小平年谱（1975—1997）》下册，第1351页
② 指马克思主义派——编者注
③ 《邓小平文选》第三卷，第28页
④ 《邓小平文选》第三卷，第111页

光靠物质条件，我们的革命和建设都不可能胜利。1985 年 9 月 23 日，邓小平在中国共产党全国代表会议上讲话时提出：光靠物质条件，我们的革命和建设都不可能胜利。过去我们党无论怎样弱小，无论遇到什么困难，一直有强大的战斗力，因为我们有马克思主义和共产主义的信念。有了共同的理想，也就有了铁的纪律。无论过去、现在和将来，这都是我们的真正优势。[①]

学马列要精，要管用的，不要提倡本本。1992 年 1 月 18 日—2 月 21 日，邓小平在武昌、深圳、珠海、上海等地的谈话要点中提出：长篇的东西是少数搞专业的人读的，群众怎么读？要求都读大本子，那是形式主义的，办不到。我的入门老师是《共产党宣言》和《共产主义ABC》。最近，有的外国人议论，马克思主义是打不倒的。打不倒，并不是因为大本子多，而是因为马克思主义的真理颠扑不破。实事求是是马克思主义的精髓。要提倡这个，不要提倡本本。我们改革开放的成功，不是靠本本，而是靠实践，靠实事求是。农村搞家庭联产承包，这个发明权是农民的。农村改革中的好多东西，都是基层创造出来，我们把它拿来加工提高作为全国的指导。实践是检验真理的唯一标准。我读的书并不多，就是一条，相信毛主席讲的实事求是。过去我们打仗靠这个，现在搞建

① 《邓小平文选》第三卷，第 144 页

设、搞改革也靠这个。我们讲了一辈子马克思主义，其实马克思主义并不玄奥。马克思主义是很朴实的东西，很朴实的道理。[①]

最重要的问题是要胸襟宽阔。1989 年 5 月 31 日，邓小平在同两位中央负责同志谈话时提出：我们组成的这个新的领导机构，眼界要非常宽阔，胸襟要非常宽阔，这是对我们第三代领导人最根本的要求。我们的第一代领导人前期是胸襟宽阔的，我们第二代基本上也是胸襟宽阔的，对第三代领导以及以后的领导都应该有这样的要求。进入中央最高层的每个成员，都要不再是过去的自己，不再停留在过去的水平上，因为责任不同了。每个人从自身的角度，包括自己的作风等方面，都要有变化，要自觉地变化。领导这么一个国家不容易呀！责任不同啊！最重要的问题是要胸襟开阔。要从大局看问题，放眼世界，放眼未来，也放眼当前，放眼一切方面。[②]

不争论。1992 年 1 月 18 日—2 月 21 日，邓小平在武昌、深圳、珠海、上海等地的谈话要点中提出：不搞争论，是我的一个发明。不争论，是为了争取时间干。一争论就复杂了，把时间都争掉了，什么也干不成。不争论，大胆地试，大胆地闯。农村改革是如此，城市改革也应如

① 《邓小平文选》第三卷，第 382 页

② 《邓小平文选》第三卷，第 299、300 页

此。抓住时机，发展自己，关键是发展经济。[①]

整个改革开放过程中都要反对腐败。1992 年 1 月 18 日—2 月 21 日，邓小平在武昌、深圳、珠海、上海等地的谈话要点中提出：在整个改革开放过程中都要反对腐败。对干部和共产党员来说，廉政建设要作为大事来抓。还是要靠法制，搞法制靠得住些。[②] 1986 年 1 月 17 日，邓小平在中央政治局常委会上讲话，提出：抓精神文明建设，抓党风、社会风气好转，必须狠狠地抓，一天不放松地抓，从具体事件抓起。[③]

关键在党，关键在人。1992 年 1 月 18 日—2 月 21 日，邓小平在武昌、深圳、珠海、上海等地的谈话要点中提出：正确的政治路线要靠正确的组织路线来保证。中国的事情能不能办好，社会主义和改革开放能不能坚持，经济能不能快一点发展起来，国家能不能长治久安，从一定意义上说，关键在人。中国要出问题，还是出在共产党内部。对这个问题要清醒，要注意培养人，要按照“革命化、年轻化、知识化、专业化”的标准，选拔德才兼备的人进班子。我们说党的基本路线要管一百年，要长治久安，就要靠这一条。真正关系到大局的是这个事。说到底，关键是我们共产党内部要搞好，不出事，就可以放心

① 《邓小平文选》第三卷，第 374、375 页

② 《邓小平文选》第三卷，第 379 页

③ 《邓小平文选》第三卷，第 152 页

睡大觉。十一届三中全会确立的这条中国的发展路线，是否能够坚持得住，要靠大家努力，特别是要教育后代。[①]

中央要有权威。1988年9月12日，邓小平在听取关于价格和工资改革初步方案汇报时提出：我的中心意思是，中央要有权威。中央就是党中央、国务院。我们要定一个方针，就是要在中央统一领导下深化改革。宏观管理要体现在中央说话能够算数。[②]

继毛泽东《实践论》、《矛盾论》、《论持久战》、《在延安文艺座谈会上的讲话》、《论联合政府》、《中国革命和中国共产党》、《新民主主义论》、《论人民民主专政》、《论十大关系》、《关于正确处理人民内部矛盾的问题》等经典著作之后，邓小平根据新时期的新实践，作出了新的理论概括，写出了新的经典著作。主要有：《解放思想，实事求是，团结一致向前看》、《党和国家领导制度的改革》、《中国共产党第十二次代表大会开幕词》、《我们对香港问题的基本立场》、《一个国家，两种制度》、《和平和发展是当代世界的两大问题》、《一切从社会主义初级阶段的实际出发》、《在接见首都戒严部队军以上干部时的讲话》、《国家的主权和安全要始终放在第一位》、《在武昌、深圳、珠海、上海等地的谈话要点》等。这些新的经典著作，同毛泽东的著作一样，是被实践证明了正确的、管用的、真正

① 《邓小平文选》第三卷，第380、381页

② 《邓小平文选》第三卷，第277、278页

能够解决中国问题的科学著作。它们反映和代表了一个时代。

特别值得重视的是，邓小平始终强调独立自主问题。他说，“中国的事情要按照中国的情况来办，要依靠中国人自己的力量来办。独立自主，自力更生，无论过去、现在还是将来，都是我们的立足点”。[①] “中国本来是个穷国，为什么有中美苏“大三角”的说法，就是因为中国是独立自主的国家。为什么说我们是独立自主的？就是因为我们坚持有中国特色社会主义道路。”[②] 这是具有深远意义的。

像我们这样的大党、大国，没有独立自主，就没有一切。关于独立自主，习近平在中央召开的纪念毛泽东同志诞辰 120 周年座谈会上发表的重要讲话中作了系统阐述，他说：“独立自主是我们党从中国实际出发、依靠党和人民力量进行革命、建设、改革的必然结论。不论过去、现在和将来，我们都要把国家和民族发展放在自己力量的基点上，坚持民族自尊心和自信心，坚定不移走自己的路。”“独立自主是中华民族的优良传统，是中国共产党、中华人民共和国立党立国的重要原则。在中国这样一个人口众多和经济文化落后的东方大国进行革命和建设的国情与使命，决定了我们只能走自己的路。”“站立在 960 万平方公

① 《邓小平文选》第三卷，第 3 页

② 《邓小平文选》第三卷，第 311 页

里的广袤土地上，吸吮着中华民族漫长奋斗积累的文化养分，拥有13亿中国人民聚合的磅礴之力，我们走自己的路，具有无比广阔的舞台，具有无比深厚的历史底蕴，具有无比强大的前进定力。中国人民应该有这个信心，每一个中国人都应该有这个信心。”“坚持独立自主，就要坚持中国的事情必须由中国人民自己作主张、自己来处理。世界上没有放之四海而皆准的具体发展模式，也没有一成不变的发展道路。历史条件的多样性，决定了各国选择发展道路的多样性。人类历史上，没有一个民族、没有一个国家可以通过依赖外部力量、跟在他人后面亦步亦趋实现强大和振兴。那样做的结果，不是必然遭遇失败，就是必然成为他人的附庸。”“我们党在领导革命、建设、改革长期实践中，历来坚持独立自主开拓前进道路，这种独立自主的探索和实践精神，这种坚持走自己的路的坚定信心和决心，是我们党全部理论和实践的立足点，也是党和人民事业不断从胜利走向胜利的根本保证。”“坚持独立自主，就要坚定不移走中国特色社会主义道路，既不走封闭僵化的老路，也不走改旗易帜的邪路。我们要增强政治定力，增强道路自信、理论自信、制度自信。我们要根据形势任务发展变化，通过全面深化改革，不断拓展中国特色社会主义道路，不断丰富中国特色社会主义理论体系，不断完善中国特色社会主义制度。我们要虚心学习借鉴人类社会创造的一切文明成果，但我们不能数典忘祖，不能照抄照搬别国的发展模式，也绝不会接受任何外国颐指气使的说教。”“坚持独立自主，就要坚持独立自主的和平外交政策，坚定不移走和平发展道路。我们要高举和平、发展、合作、共赢的旗帜，坚持在和平共处五项原则基础上同各国友好相处，在平等互利基础上积极开展同各国的交流合作，坚定不移维护世界和平、促进共同发展。我们要根据事情本身的是非曲直决定自己的立场和政策，秉持公道，伸张正义，尊重各国人民自主选择发展道路的权利，绝不把自己的意志强加于人，也绝不允许任何人把他们的意志强加于中国人民。我们主张以和平方式解决国际争端，反对各种形式的霸权主义和强权政治，永远不称霸，永远不搞扩张。我们要坚决维护国家主权、安全、发展利益，任何外国不要指望我们会拿自己的核心利益做交易，不要指望我们会吞下损害我国主权、安全、发展利益的苦果。”①

理论建设处于国家文化软实力建设的高端。

毛泽东思想、邓小平理论的创立，之后，“三个代表”重要思想的创立，科学发展观的创立，标志着中国共产党推进马克思主义中国化的巨大进步，标志着中国人民、中华民族战略思维、创新思维和辩证思维的巨大进步。

实现中华民族伟大复兴的中国梦，实现国家治理体系和治理能力现代化，对于党的理论建设、对于全党全民族

---

① 《人民日报》2013 年 12 月 27 日，第二版

的理论素质，提出了更高要求。党和国家比以往任何时期都更加需要思想，更加需要思想家，更加需要战略思想家。但理论建设和理论思维的进步，从来不能一蹴而就，不能轻而易举，必须下艰苦持久的功夫。解决中国的问题，从根本上说，要靠制度，也要靠思想。制度固其本，理论溯其源。理论上思想上有创造力、凝聚力、战斗力，党和国家才有创造力、凝聚力、战斗力。一个党、一个国家、一个民族，只有理论建设、理论思维走在世界的前列，才能真正走在世界的前列，才有光明远大的前途。

第八章

战略指导：邓小平的领导风格

原则性、系统性、预见性和创造性，是邓小平领导风格的本质特征。原则性、系统性、预见性和创造性，这四者不是割裂的，而是统一的；不是孤立的，而是联系的；不是空洞的，而是实际的；不是零碎的，而是完整的。它也是中国共产党执政规律、社会主义建设规律、人类社会发展规律的一种体现，因而具有长远指导意义。实践表明，人类社会总是由简单到复杂、由低级向高级发展，因而它越是向前发展，思想方法问题越重要，精神状态问题越重要，世界观、人生观问题越重要。我们纪念邓小平，纪念一切伟大人物，除了缅怀他们的伟大业绩以外，最重要的是学习他们的思想理论和精神风范，不断提高素质，提高境界，提高水平，努力把世界观、人生观搞对头，把精神状态搞对头，把思想方法搞对头。有了这三个“搞对头”，从主观条件来说，许多事情就好办了。

学习和研究邓小平的领导风格，必须注意三个大的背景：第一，邓小平有极丰富、极富传奇色彩的革命经历，一生“三落三起”；第二，邓小平是以毛泽东为核心的第一代中央领导集体的重要成员，是第二代中央领导集体的核心；第三，邓小平同毛泽东一样，都是具有深远历史视野和宽广世界眼光的伟大战略家。毛泽东和邓小平的领导，都是战略领导、战略指导。邓小平和毛泽东比较，有很多的不同点，比如，毛浪漫，邓实际；毛豪放，邓简约；毛奔腾澎湃，邓静水深流；毛光芒四射，邓简洁凝练等等。但两人有更多的共同点，都对自己的祖国和人民有深厚的情感；都有坚如磐石的共产主义信念；都有海纳百川的博大襟怀；都有把握大局面、思考大问题的卓越能力；都稳如泰山、举重若轻、镇定从容、波澜不惊，都善于化繁为简、善于处理复杂问题和矛盾。

邓小平的领导风格，有以下三个方面的显著特点。

（一）坚定的信仰，是邓小平领导风格的基石

邓小平作为战略家，他的领导工作，高瞻远瞩，举重若轻；脚踏实地，不尚空谈；旗帜鲜明，勇于担当；绵里

藏针，柔中寓刚；波澜不惊，稳如泰山。而贯穿邓小平领导工作的，是他对社会主义和共产主义事业的坚定信仰。邓小平一生，从来没有动摇过献身祖国和人民、献身共产主义事业的信念。坚定的信仰，是邓小平一生全部实践和理论的基石，也是邓小平领导风格的基石。邓小平多次讲过："为什么我们过去能在非常困难的情况下奋斗出来，战胜千难万险使革命胜利呢？就是因为我们有理想，有马克思主义信念，有共产主义信念。"[①] 信仰的光辉，照亮邓小平的一生。这一点，在三卷《邓小平文选》中，在五卷《邓小平年谱》中，在有关邓小平的各种传记和回忆中，都有极充分的体现，是让人印象最深刻的一点。

信仰之于人，就如同骨骼中的钙，空气中的氧，血液中的水，是须臾不可离开的。我们学习和研究邓小平，学习和研究古今中外的一切襟怀大如海、意志坚如山的杰出人物、伟大人物，就要像他们那样，砥励意志，坚定信仰，努力过一种有追求、有信仰的生活，让信仰的光辉照亮自己。

（二）群众路线和实事求是，是邓小平领导风格的两个基本点

邓小平在讲到党的优良传统时，反复讲过："毛泽东同志倡导的作风，群众路线和实事求是这两条是最根本的

① 《邓小平文选》第三卷，第110页

东西。”[①] 在邓小平伟大光辉的一生中，始终不渝地坚持的，也正是这两条最根本的东西。群众路线和实事求是，是邓小平领导风格的两个基本点。

由我们党辩证唯物主义、历史唯物主义的世界观和全心全意为人民服务的根本宗旨所决定，一切相信群众，一切为了群众、一切依靠群众，从群众中来，到群众中去的群众路线，是党的根本工作路线。党的思想路线、政治路线、组织路线，归根到底，都要靠党的群众路线去贯彻执行。

邓小平有一句名言：党离不开人民，人民也离不开党。这是对党同人民群众关系的最生动表述，也是对毛泽东人民群众是我们党的力量源泉和胜利之本论断的最形象注解。我们党是在人民中生长并发展壮大起来的。没有人民群众，就没有我们党的一切。全心全意为人民服务是我们党的根本宗旨，群众路线是我们党的根本工作路线，保持同人民群众的血肉联系是我们党的根本作风。这“三个根本”，是巩固党的执政地位、提高党的执政能力的力量源泉，是共产党执政的根本规律。

邓小平深刻指出：“什么是党的工作中的群众路线呢？简单地说来，它包含两方面的意义：在一方面，它认为人民群众必须自己解放自己，党的全部任务就是全心全意地

① 《邓小平文选》第二卷，第 45 页

为人民群众服务；党对于人民群众的领导作用，就是正确地给人民群众指出斗争的方向，帮助人民群众自己动手，争取和创造自己的幸福生活。”①

党的群众路线的意义在哪里呢？邓小平说：“党的工作中的群众路线，具有极深刻的理论意义和实际意义。马克思主义向来认为，归根结底地说来，历史是人民群众创造的。工人阶级必须依靠本阶级的群众力量和全体劳动人民的群众力量，才能实现自己的历史使命——解放自己，同时解放全体劳动人民。人民群众的觉悟性、积极性、创造性愈是发展，工人阶级的事业就愈是发展。因此，同资产阶级的政党相反，工人阶级的政党不是把人民群众当作自己的工具，而是自觉地认定自己是人民群众在特定的历史时期为完成特定的历史任务的一种工具。共产党——这是工人阶级和劳动人民中先进分子的集合体，它对于人民群众的伟大的领导作用，是不容怀疑的。但是，它之所以成为先进部队，它之所以能够领导人民群众，正因为，而且仅仅因为，它是人民群众的全心全意的服务者，它反映人民群众的利益和意志，并且努力帮助人民群众组织起来，为自己的利益和意志而斗争。确认这个关于党的观念，就是确认党没有超乎人民群众之上的权力，就是确认党没有向人民群众实行恩赐、包办、强迫命令的权力，就

① 《邓小平文选》第一卷，第217页

是确认党没有在人民群众头上称王称霸的权力。”[①]

历史和现实大量事实反复证明，马克思主义政党在取得执政地位以后，如何处理好同人民群众的关系问题，关系党和国家的前途命运。如果人民群众的主体地位得不到有力保障，人民群众的根本利益得不到实现发展，人民群众的各项权利得不到充分尊重，就不可能激发起人民群众对社会主义的信任和热情。失掉群众，最终必然会失掉政权。这是古今中外一切政治的铁律。

中国特色社会主义之所以深入人心，党的“一个中心、两个基本点”的基本路线和三中全会以来的一整套方针政策之所以受到普遍拥护，我国的改革开放和现代化建设之所以取得巨大成功，最根本的原因是符合中国的基本国情，符合中国最广大人民的根本利益。

全心全意为人民服务，最重要的是制定并坚持执行代表最广大人民根本利益的路线方针政策。邓小平尊重群众，热爱人民，时刻关注最广大人民的利益和愿望，总是把人民“拥护不拥护”、“赞成不赞成”、“高兴不高兴”、“答应不答应”作为制定各项方针政策的出发点和归宿。他反复强调，十一届三中全会以来确定的党的基本路线和一系列方针政策不能变，也变不了，因为实践证明是正确的，是行之有效的，是受到人民群众拥护的，如果改变，

---

① 《邓小平文选》第一卷，第206页

老百姓不答应。

在执政条件下，坚持全心全意为人民服务的根本宗旨，党员领导干部必须正确认识和对待手中的权力。邓小平深刻地指出："由于我们党现在已经是在全国执政的党，脱离群众的危险，比以前大大地增加了，而脱离群众对于人民可能产生的危害，也比以前大大地增加了。"① 他强调，我们执了政，拿了权，一定要谨慎。不要以为有了权就好办事，有了权就可以为所欲为，那样就非弄坏事情不可。他说："我们进了城，执了政，是做官呢？还是当人民的勤务员呢？如果不是做官，而是当人民的勤务员，那就要以普通劳动者的面貌出现，平等待人，要全心全意地为人民服务。但是，进了城，执了政，做官的条件是具备的，这就最容易沾染官气。事实上，我们许多同志确实已经沾染了不少官气。所以，我们每天每时都要注意执政党的特点，坚持党的优良传统。这样，就可以避免沾染官气，就可以避免脱离群众、脱离实际，就可以使我们的国家坚持社会主义制度、并在将来发展到共产主义的道路上去，就可以使我们党坚持马克思列宁主义的原则。"② 针对党内存在的滥用权力等现象，邓小平严肃指出："我们党内还有一种人，他们把党和人民的关系颠倒过来，完全不是为人民服务，而是在人民中间滥用权力，做种种违法

① 《邓小平文选》第一卷，第221页

② 《邓小平文选》第一卷，第304页

乱纪的坏事。这是一种很恶劣的反人民的作风，这是旧时代统治阶级作风在我们队伍中的反映。诚然，这样的干部为数很少，但是，他们的危害却很大。”①

发扬密切联系群众的优良作风，必须坚决反对官僚主义。早在 1956 年，邓小平就尖锐地指出了执政以后党和国家机关中存在的种种官僚主义现象及其危害性。提出了纠正官僚主义的一系列措施，强调官僚主义是过去人类历史上长时期剥削阶级统治的遗留物，在社会政治生活中有深远的影响，因此克服官僚主义必须进行经常的长时期的斗争。1980 年，他指出：官僚主义现象是我们党和国家政治生活中广泛存在的一个大问题。它的主要表现和危害是：高高在上，滥用权力，脱离实际，脱离群众，好摆门面，好说空话，思想僵化，墨守陈规，机构臃肿，人浮于事，办事拖拉，不讲效率，不负责任，不守信用，公文旅行，互相推诿，以至官气十足，动辄训人，打击报复，压制民主，欺上瞒下，专横跋扈，徇私行贿，贪赃枉法，等等。这无论在我们的内部事务中，或是在国际交往中，都已达到令人无法容忍的地步。如果不认真解决这些问题，就很难适应现代化建设的需要，我们就要严重地脱离广大群众。在 1992 年南方谈话中，他又一次指出：“形式主义也是官僚主义。要腾出时间来多办实事，多做少说。”②

---

① 《邓小平文选》第一卷，第 222 页

② 《邓小平文选》第三卷，第 381、382 页

要扎扎实实地解决问题，不能搞花架子，做表面文章。

邓小平认为，党的领导是政治领导，是通过确立和实行正确的思想路线、政治路线和组织路线来实现的，而群众路线是实现党的思想路线、政治路线和组织路线的根本工作路线。邓小平领导改革开放和现代化建设，始终遵循人民利益至上的根本原则。坚持实现人民利益的“一个中心、两个基本点”的基本路线，坚持反映人民愿望和要求的依法治国的治国方略，坚持一切为了人民群众、一切依靠人民群众的领导方法，坚持人民满意的根本标准。

邓小平曾经多次讲过，我们党在历史上犯过的几次大的错误，虽然有许多具体的教训，但是最根本的教训是脱离了中国的基本国情，脱离了广大人民群众。我们党是执政党，执政党最容易犯的、也是最危险的错误，就是脱离群众。我们一定要牢牢记住这条最重要的历史经验，始终保持同广大人民群众的血肉联系。

关于党的群众路线，我们党有一整套完备的理论。毛泽东、邓小平、江泽民、胡锦涛、习近平对此都有许多重要论述。在党的历史上，至少有十一次大的集中阐述。第一次是 1945 年党的“七大”，第二次是 1956 年党的“八大”，第三次是 1957 年毛泽东《关于正确处理人民内部矛盾的问题》的报告，第四次是 1962 年“七千人大会”，第五次是 1985 年党的十一届五中全会《关于建国以来若干历史问题的决议》，第六次是 1990 年党的十三届六中全会

《关于加强党同人民群众联系的决定》，第七次是1998年至2000年的“三讲”教育，第八次是2001年党的十五届六中全会《关于加强和改进党的作风建设的决定》，第九次是2005年至2006年的实践“三个代表”重要思想学习教育活动，第十次是2006至2007年的学习实践科学发展观活动，第十一次是2013至2014年的党的群众路线教育实践活动。这十一次集中阐述，新中国成立前一次，成立后三次，改革开放以来七次，它说明，进入改革开放新的历史时期，这个问题显得愈来愈重要、愈来愈迫切、也愈来愈突出了。

习近平在指导党的群众路线教育实践活动的过程中，多次阐述党的群众路线。在中央召开的纪念毛泽东同志诞辰120周年座谈会上。习近平深刻指出：“群众路线是我们党的生命线和根本工作路线，是我们党永葆青春活力和战斗力的重要传家宝。不论过去、现在和将来，我们都要坚持一切为了群众，一切依靠群众，从群众中来，到群众中去，把党的正确主张变为群众的自觉行动，把群众路线贯彻到治国理政全部活动之中。”“群众路线本质上体现的是马克思主义关于人民群众是历史的创造者这一基本原理。只有坚持这一基本原理，我们才能把握历史前进的基本规律。只有按历史规律办事，我们才能无往而不胜。历史反复证明，人民群众是历史发展和社会进步的主体力量。正如毛泽东同志所说：‘中国的命运一经操在人民自己的手里，中国就将如太阳升起在东方那样，以自己的辉煌的光焰普照大地’。”“坚持群众路线，就要坚持人民是决定我们前途命运的根本力量。坚持人民主体地位，充分调动人民积极性，始终是我们党立于不败之地的强大根基。在人民面前，我们永远是小学生，必须自觉拜人民为师，向能者求教，向智者问策；必须充分尊重人民所表达的意愿、所创造的经验、所拥有的权利、所发挥的作用。我们要珍惜人民给予的权力，用好人民给予的权力，自觉让人民监督权力，紧紧依靠人民创造历史伟业，使我们党的根基永远坚如磐石。”“坚持群众路线，就要坚持全心全意为人民服务的根本宗旨。‘政之所兴在顺民心，政之所废在逆民心。’全心全意为人民服务，是我们党一切行动的根本出发点和落脚点，是我们党区别于其他一切政党的根本标志。党的一切工作，必须以最广大人民根本利益为最高标准。检验我们一切工作的成效，最终都要看人民是否真正得到了实惠，人民生活是否真正得到了改善，人民权益是否真正得到了保障。面对人民过上更好生活的新期待，我们不能有丝毫自满和懈怠，必须再接再厉，使发展成果更多更公平惠及全体人民，朝着共同富裕方向稳步前进。”“坚持群众路线，就要保持党同人民群众的血肉联系。我们党的最大政治优势是密切联系群众，党执政后的最大危险是脱离群众。毛泽东同志说：‘我们共产党人好比种子，人民好比土地。我们到了一个地方，就要同那里的人民结合起来，在人民中间生根、开花。’要把群众观点、群众路线深深植根于全党同志思想中，真正落实到每个党员行动上，下最大气力解决党内存在的问题特别是人民群众不满意的问题，使我们党永远赢得人民群众信任和拥护。”“坚持群众路线，就要真正让人民来评判我们的工作。‘知政失者在草野。’任何政党的前途和命运最终都取决于人心向背。‘人心就是力量。’我们党的党员人数，放在人民中间还是少数。我们党的宏伟奋斗目标，离开了人民支持就绝对无法实现。我们党的执政水平和执政成效都不是由自己说了算，必须而且只能由人民来评判。人民是我们党的工作的最高裁决者和最终评判者。如果自诩高明、脱离了人民，或者凌驾于人民之上，就必将被人民所抛弃。任何政党都是如此，这是历史发展的铁律，古今中外概莫能外。”①

我们学习邓小平的领导风格，最重要的是时刻把人民群众放在心中最高位置，始终保持党同人民群众的血肉联系，紧紧依靠广大人民群众，把我们的事业推向前进。

实事求是哲学是中华民族的哲学，也是中国共产党人的哲学，是马克思主义的精髓。它一经被中国共产党人所掌握，就成为认识中国、改造中国、建设中国、发展中国的强大思想武器。我们党在领导革命、建设和改革的伟大

① 《人民日报》2013 年 12 月 27 日，第二版

实践中，创立、坚持和发展了党的实事求是的思想路线。毛泽东、邓小平在这方面做出了最重大的贡献。

我们党的实事求是的思想路线，是在同以教条主义为特征的主观主义的长期斗争中形成的。20 世纪 20 年代后期和 30 年代前期，在国际共产主义运动中，以及我们党内，形成了一种把马克思主义教条化、把共产国际决议和苏联经验神圣化的错误倾向，表现在思想路线方面，就是主观主义盛行。

1929 年 12 月，毛泽东在为红四军第九次党代会起草的决议中，深刻分析了主观主义的危害及结果，提出了克服主观主义的方法，即："教育党员使党员的思想和党内的生活都政治化，科学化。要达到这个目的，就要：（一）教育党员用马克思列宁主义的方法去作政治形势的分析和阶级势力的估量，以代替主观主义的分析和估量。（二）使党员注意社会经济的调查和研究，由此来决定斗争的策略和工作的方法，使同志们知道离开了实际情况的调查，就要堕入空想和盲动的深坑。（三）党内批评要防止主观武断和把批评庸俗化，说话要有证据，批评要注意政治。"

1930 年春，毛泽东写了《反对本本主义》一文，论述了理论联系实际的重要性，在党的历史上第一次明确地提出了思想路线问题。他说："以为上了书的就是对的，文化落后的中国农民至今还存着这种心理。不谓共产党内讨论问题，也还有人开口闭口'拿本本来'。我们说上级领导机关的指示是正确的，决不单是因为它出于‘上级领导机关’，而是因为它的内容是适合于斗争中客观和主观情势的，是斗争所需要的。不根据实际情况进行讨论和审察，一味盲目执行，这种单纯建立在‘上级’观念上的形式主义的态度是很不对的。为什么党的策略路线总是不能深入群众，就是这种形式主义在那里作怪。盲目地表面上完全无异议地执行上级的指示，这不是真正在执行上级的指示，这是反对上级指示或者对上级指示怠工的最妙方法。”毛泽东一针见血地指出：“马克思主义的‘本本’是要学习的，但是必须同我国的实际情况相结合。我们需要‘本本’，但是一定要纠正脱离实际情况的本本主义。”怎样防止本本主义？毛泽东提出，要纠正本本主义，“只有向实际情况作调查”，“调查就是解决问题”，“没有调查，没有发言权”。毛泽东把调查研究纳入了认识过程，赋予调查研究以新的意义，是对马克思主义认识论的重要发展。

毛泽东在文章中提出了两种不同思想路线的问题。他指出：“那些具有一成不变的保守的形式的空洞乐观的头脑的同志们，以为现在的斗争策略已经是再好没有了，党的第六次全国代表大会的‘本本’保障了永久的胜利，只要遵守既定办法就无往而不胜利。这些想法是完全错误的，完全不是共产党人从斗争中创造新局面的思想路线，完全是一种保守路线。这种保守路线如不根本丢掉，将会给革命造成很大损失，也会害了这些同志自己。”毛泽东提出的“共产党人从斗争中创造新局面的思想路线”，就是从实际出发，理论联系实际，把马克思主义的基本原理同中国具体实际相结合的路线。

为了提高全党的思想水平，用马克思主义认识论武装全党，1937年7月和8月，毛泽东先后发表了《中国革命战争的战略问题》、《实践论》和《矛盾论》等哲学名著，以中国革命的实际问题为中心，运用马克思主义哲学原理，从理论上揭露了教条主义和经验主义的思想认识根源，科学回答了中国革命所提出的一系列重大的理论和实践问题，为全党做出了用马克思主义的立场、观点、方法分析和解决中国革命实际问题的光辉典范，极大地统一和武装了全党，为全党解决思想路线问题奠定了坚实的理论基础。毛泽东指出：“通过实践而发现真理，又通过实践而证实真理和发展真理。从感性认识而能动地发展到理性认识，又从理性认识而能动地指导革命实践，改造主观世界和客观世界。实践、认识、再实践、再认识，这种形式，循环往复以至无穷，而实践和认识之每一循环的内容，都比较地进到了高一级的程度。这就是辩证唯物论的全部认识论，这就是辩证唯物论的知行统一观。”党的七大确立了毛泽东思想在全党的指导地位，实质上也就是确定了实事求是思想路线在全党的指导地位。

关于实事求是，毛泽东在《改造我们的学习》中有非常完整的表述。他说：“‘实事’就是客观存在着的一切事物，‘是’就是客观事物的内部联系，即规律性，‘求’就是我们去研究。我们要从国内外、省内外、县内外、区内外的实际情况出发，从其中引出其固有的而不是臆造的规律性，即找出周围事变的内部联系，作为我们行动的向导。而要这样做，就须不凭主观想象，不凭一时的热情，不凭死的书本，而凭客观存在的事实，详细地占有材料，在马克思列宁主义一般原理的指导下，从这些材料中引出正确的结论。这种结论，不是甲乙丙丁的现象罗列，也不是夸夸其谈的滥调文章，而是科学的结论。这种态度，有实事求是之意，无哗众取宠之心。这种态度，就是党性的表现，就是理论和实际统一的马克思列宁主义的作风。这是一个共产党员起码应该具备的态度。”①

关于实事求是的科学态度，毛泽东有很多重要论述。1940 年 1 月，在《新民主主义论》中，毛泽东指出：“科学的态度是‘实事求是’，‘自以为是’和‘好为人师’那样狂妄的态度是决不能解决问题的。我们民族的灾难深重极了，惟有科学的态度和负责的精神，能够引导我们民族到解放之路。”②

1941 年 3 月，在《〈农村调查〉的序言》中，毛泽东指出：“要了解情况，唯一的方法是向社会作调查，调查

① 《毛泽东选集》第三卷，第 801 页

② 《毛泽东选集》第二卷，第 662—663 页

社会各阶级的生动情况。对于担负指导工作的人来说，有计划地抓住几个城市、几个乡村，用马克思主义的基本观点，即阶级分析的方法，作几次周密的调查，乃是了解情况的最基本的方法。只有这样，才能使我们具有对中国社会问题的最基础的知识。”①

1942 年 2 月，在《反对党八股》的演讲中，毛泽东指出：“无产阶级的最尖锐最有效的武器只有一个，那就是严肃的战斗的科学态度。共产党不靠吓人吃饭，而是靠马克思列宁主义的真理吃饭，靠实事求是吃饭，靠科学吃饭”。②

1942 年 2 月，在《整顿党的作风》中，毛泽东指出：“中国共产党人只有在他们善于应用马克思列宁主义的立场、观点和方法，善于应用列宁斯大林关于中国革命的学说，进一步地从中国的历史实际和革命实际的认真研究中，在各方面做出合乎中国需要的理论性的创造，才叫做理论和实际相联系。如果只是口头上讲联系，行动上又不实行联系，那么，讲一百年也还是无益的。”③

1945 年 4 月，在《中国共产党第七次全国代表大会上的口头政治报告》中，毛泽东提醒全党，“我们要谦虚谨慎，不骄不躁。今天再说这样一点，就是要讲真话，不

① 《毛泽东选集》第三卷，第 789 页

② 《毛泽东选集》第三卷，第 835—836 页

③ 《毛泽东选集》第三卷，第 820 页

偷，不装，不吹。偷就是偷东西，装就是装样子，‘猪鼻子里插葱——装象’，吹就是吹牛皮。讲真话，每个普通的人都应该如此，每个共产党人更应该如此。”①

1948 年 4 月，在《在晋绥干部会议上的讲话》中，毛泽东指出：“按照实际情况决定工作方针，这是一切共产党员所必须牢牢记住的最基本的工作方法。我们所犯的错误，研究其发生的原因，都是由于我们离开了当时当地的实际情况，主观地决定自己的工作方针。这一点，应当引为全体同志的教训。”②

新中国成立以后，我们党成为执政党。毛泽东更加重视实事求是的思想路线。1953 年 10 月，在《关于农业互助合作的两次谈话》中，毛泽东指出：“做一切工作，必须切合实际，不合实际就错了。切合实际就是要看需要与可能，可能就是包括政治条件、经济条件和干部条件。”③

1955 年 12 月，在《〈中国农村的社会主义高潮〉序言》中，毛泽东指出：“人们的思想必须适应已经变化了的情况。当然，任何人不可以无根据地胡思乱想，不可以超越客观情况所许可的条件去计划自己的行动，不要勉强地去做那些实在做不到的事情。”④

---

① 《毛泽东文集》第三卷，第 349 页

② 《毛泽东选集》第四卷，第 1308 页

③ 《毛泽东文集》第六卷，第 301 页

④ 《建国以来毛泽东文稿》第 5 册，第 486—487 页

1956 年 8 月，在《增强党的团结，继承党的传统》中，毛泽东指出："过去，在民主革命中，我们受主观主义的害时间很长，受了很大的惩罚，根据地差不多丢失干净，革命力量丧失百分之九十以上，一直到这个时候我们才开始觉悟。经过延安整风，着重调查研究，从实际出发，才把这个问题搞清楚。马克思主义的普遍真理一定要同中国革命的具体实践相结合，如果不结合，那就不行。"[①]

1958 年 7 月，在《同黑非洲青年代表团的谈话》中，毛泽东指出："马克思和列宁都曾说过，他们的理论仅仅是行动的指南，是指导方向的，不能当做教条。但我们有些同志就是不懂得这一点，后来受了损失，吃了苦头，才明白了。长征中我们走了很多路，用两条腿走的，全部路程等于地球的轴心，从中国钻进去，从美国出来，有一万二千五百公里。那时我们犯了错误，蒋介石就逼着我们走这么多路，走到北方来了。这以后我们就得到了教训，知道马列主义的普遍真理是应该相信的，但是要同中国革命的实际情况相结合。后来一结合就灵了，就打胜仗了。"[②]

1963 年 5 月，在《人的正确思想是从哪里来的？》一文中，毛泽东指出："人的正确思想是从哪里来的？是从天上掉下来的吗？不是。是自己头脑里固有的吗？不是。

① 《毛泽东文集》第七卷，第 90 页

② 《毛泽东文集》第七卷，第 383 页

人的正确思想，只能从社会实践中来，只能从社会的生产斗争、阶级斗争和科学实验这三项实践中来。”“一个正确的认识，往往需要经过由物质到精神，由精神到物质，即由实践到认识，由认识到实践这样多次的反复，才能够完成。”①

1964年12月，在《人类总得不断地总结经验》一文中，毛泽东指出：“人类的历史，就是一个不断地从必然王国向自由王国发展的历史。这个历史永远不会完结。”“因此，人类总得不断地总结经验，有所发现，有所发明，有所创造，有所前进。停止的论点，悲观的论点，无所作为和骄傲自满的论点，都是错误的。”②

实事求是是我们党正确认识客观世界的思想路线，也是我们党正确改造客观世界的思想路线。整个中国革命的历程证明，有了实事求是，我们党才创造了农村包围城市的中国革命道路；有了实事求是，我们党才找到了武装斗争、统一战线、党的建设这三大法宝；有了实事求是，我们党才正确解决了中国革命的性质、对象、动力、前途和转变等一系列根本问题；有了实事求是，我们党才确立了正确的政治路线、军事路线、组织路线；有了实事求是，我们党才在一个工人阶级数量很少、农民人口占绝大多数的半殖民地半封建社会里，建立起一支马克思主义的工人

---

① 《毛泽东文集》第八卷，第320页

② 《毛泽东著作选读》下册，第845页

阶级先锋队；有了实事求是，我们党才胜利实现了马克思主义的中国化，创立和发展了毛泽东思想；有了实事求是，我们党才战胜了无数艰难险阻，克服了前进道路上的错误和挫折，正确地总结了经验教训，团结了全党和全国人民，不断从胜利走向新的胜利。毛泽东的理论贡献，最重要的是他提出和确立了我们党实事求是的思想路线，党和人民用实事求是的思想路线武装起来，中国革命就打开了胜利的通途。

粉碎"四人帮"以后，邓小平反复阐述了党的实事求是的思想路线。1977 年 7 月，在党的十届三中全会上的讲话中，邓小平指出："我为什么说实事求是在目前重要呢？要搞好我们的党风、军风、民风，关键是要搞好党风。现在，'四人帮'确实把我们的风气搞坏了。'四人帮'的破坏实际上是十年，或者说是十年以上，开始是同林彪结合在一起。他们弄得我们党内同志不敢讲真话，尤其不敢讲老实话，弄虚作假。甚至于我们有些老同志也沾染了这些坏习气，这是不应该原谅的啊！我们只要充分信任群众，实事求是，发扬民主，把毛泽东同志的建党学说和党的一整套作风恢复起来，发扬起来，那么，毛泽东同志所说的那样一种政治局面，就一定会达到。有了那样一种政治局面，我们什么风浪也能够经受得住。"①

① 《邓小平文选》第二卷，第 46 页

1978年6月，在全军政治工作会议上的重要讲话中，邓小平再一次集中阐述了党的实事求是思想路线。他说："我们开会，作报告，作决议，以及做任何工作，都为的是解决问题。我们说的做的究竟能不能解决问题，问题解决得是不是正确，关键在于我们是否能够理论联系实际，是否善于总结经验，针对客观现实，采取实事求是的态度，一切从实际出发。我们只有这样做了，才有可能正确地或者比较正确地解决问题，而这样地解决问题，究竟是否正确或者完全正确，还需要今后的实践来检验。如果我们不这样做，那我们就一定什么问题也不可能解决，或者不可能正确地解决。"① 邓小平郑重地提出："同志们请想一想，实事求是，一切从实际出发，理论和实践相结合，这是不是毛泽东思想的根本观点呢？这种根本观点有没有过时，会不会过时呢？如果反对实事求是，反对从实际出发，反对理论和实践相结合，那还说得上什么马克思列宁主义、毛泽东思想呢？那会把我们引导到什么地方去呢？很明显，那只能引导到唯心主义和形而上学，只能引导到工作的损失和革命的失败。"②

1978年9月，邓小平在听取吉林省委常委汇报工作时的谈话中又一次联系中国革命的实际阐述了党的实事求是思想路线。他说："马克思、列宁从来没有说过农村包

---

① 《邓小平文选》第二卷，第113、114页

② 《邓小平文选》第二卷，第118页

围城市，这个原理在当时世界上还是没有的。但是毛泽东同志根据中国的具体条件指明了革命的具体道路，在军阀割据的时候，在敌人控制薄弱的地区，领导人民建立革命根据地，用农村包围城市，最后夺取了政权。列宁领导的布尔什维克党是在帝国主义世界的薄弱环节搞革命，我们也是在敌人控制薄弱的地区搞革命，这在原则上是相同的，但我们不是先搞城市，而是先搞农村，用农村包围城市。如果没有实事求是的基本思路，能提出和解决这样的问题吗？能把中国革命搞成功吗？”邓小平说：“我们高举毛泽东思想的旗帜，就要在每一个时期，处理各种方针政策问题时，都坚持从实际出发。我们现在要实现四个现代化，有好多条件，毛泽东同志在世的时候没有，现在有了。中央如果不根据现在的条件思考问题、下决心，很多问题就提不出来、解决不了。”①

然而，在当时的历史条件下，真正做到实事求是并不容易，甚至要冒极大的政治风险。实际上，当时第一位的问题是解放思想，思想不解放，根本不可能做到实事求是。

1978年10月，邓小平在为十一届三中全会作准备的中央工作会议上，发表了《解放思想，实事求是，团结一致向前看》的重要讲话，再一次深刻阐述了党的实事求是

① 《邓小平文选》第二卷，第126、127页

思想路线，深刻阐述了解放思想和实事求是的辩证关系。邓小平指出："解放思想，开动脑筋，实事求是，团结一致向前看，首先是解放思想。只有思想解放了，我们才能正确地以马列主义、毛泽东思想为指导，解决过去遗留的问题，解决新出现的一系列问题，正确地改革同生产力迅速发展不相适应的生产关系和上层建筑，根据我国的实际情况，确定实现四个现代化的具体道路、方针、方法和措施。""不打破思想僵化，不大大解放干部和群众的思想，四个现代化就没有希望。""一个党，一个国家，一个民族，如果一切从本本出发，思想僵化，迷信盛行，那它就不能前进，它的生机就停止了，就要亡党亡国。""实事求是，是无产阶级世界观的基础，是马克思主义的思想基础。过去我们搞革命所取得的一切胜利，是靠实事求是；现在我们要实现四个现代化，同样要靠实事求是。""只有解放思想，坚持实事求是，一切从实际出发，理论联系实际，我们的社会主义现代化建设才能顺利进行，我们党的马列主义、毛泽东思想的理论也才能顺利发展。"①

解放思想，实事求是，就是尊重客观规律。这是党的实事求是思想路线的本质。邓小平在一次谈话中说："我们批评'长官意志'，是说历史发展有自己的规律，经济发展有自己的规律，这些规律是客观的，而不是凭某个人

① 《邓小平文选》第二卷，第141、142、143页

或某个“长官”的意志，就可以改变和决定的。因此，我们要求尊重客观规律，实事求是。每一个干部、每一个共产党员，都应当尊重客观规律，实事求是。担负领导职务的同志，尤其应当尊重客观规律，实事求是。离开这个基础，我们的路线、方针、政策、措施、办法，就会是不正确的，就会在实践中失败。”①

在新的历史时期，为什么特别强调解放思想？因为在当时的历史条件下，解放思想成为实事求是的政治前提，也是实事求是的题中应有之义。没有解放思想这个政治前提，或者说这个政治前提不充分、不彻底，就根本谈不上实事求是。不解放思想，就不可能拨乱反正，纠正“文化大革命”的错误；不解放思想，就不可能废止“以阶级斗争为纲”的错误提法，实现全党工作重心的战略转移；不解放思想，就不可能正确总结历史经验，科学评价毛泽东同志和毛泽东思想的历史地位，真正高举毛泽东思想伟大旗帜；不解放思想，就不可能实行改革开放的新的路线方针政策，也就不可能打开社会主义现代化建设的新局面，开创改革开放的历史新时期；不解放思想，就不可能正确判断国际局势和世界主题发生的深刻变化，也就不能制定新的国际战略。邓小平的理论贡献，最重要的也是他对党的实事求是思想路线的坚持和发展，把解放思想提到了党

---

① 《邓小平年谱（1975—1997）》上册，第555页

的思想路线的高度。

邓小平在领导改革开放和社会主义现代化建设过程中，所表现的巨大胆识和气魄，从本质上说是实事求是的胆识和气魄。他做出的一系列影响深远的战略决策，他提出的一系列影响深远的新思想、新观点、新论断，他集中全党智慧创立的邓小平理论，他表里如一、言行一致、高屋建瓴、势如破竹的高尚风范，使他成为我们党继毛泽东之后坚持实事求是的光辉典范。

曾经多次接触过邓小平的一位领导同志回忆说："从我与邓小平的直接接触中，我认为邓小平的确是一位伟大的政治家，具有远见卓识的战略家和实践家，他虽然是一位伟大的马克思主义者，但不受任何教条的束缚，一切着眼于实际效果，所谓'黑猫白猫'论可能是他的基本哲学观点。他思想敏锐、高屋建瓴、胆识过人、雷厉风行、势如破竹，言必行、行必果。毛泽东夸他绵里藏针，柔中有刚，人才难得，是符合实际的。"

党的十三届四中全会以来，以江泽民同志为核心的第三代中央领导集体，受命于危难之际，在国内外政治风波、经济风险等严峻考验面前，依靠党和人民，继续坚持党的实事求是的思想路线，坚持与时俱进，捍卫中国特色社会主义事业，创建社会主义市场经济体制，开创全面改革开放新局面，推进党的建设新的伟大工程，集中全党智慧，创立"三个代表"重要思想，继续引领改革开放的航船沿着正确方向破浪前进。

党的十六大以来，以胡锦涛同志为总书记的党中央，坚持以邓小平理论和“三个代表”重要思想为指导，继续坚持党的实事求是思想路线，顺应国内外形势的发展变化，毫不动摇地贯彻党的路线方针政策，求真务实，开拓创新，推动科学发展，促进社会和谐，聚精会神搞建设，一心一意谋发展，集中全党智慧，提出了科学发展观等一系列重大战略思想，开创了中国特色社会主义事业新局面，形成和贯彻了科学发展观。

实践告诉我们，国际竞争，也是思想理论的科学性、彻底性的竞争。马克思主义政党，只有掌握了先进的思想武器，才能保持头脑清醒，才能在日益激烈的国际竞争中掌握主动，立于不败之地。而思想理论上是不是彻底，头脑是不是清醒，根本和关键，要看能不能做到实事求是。对于一个大党、大国来说，真正做到了实事求是，才有战略上的主动权、全局上的主动权。

习近平深刻指出：“实事求是，是马克思主义的根本观点，是中国共产党人认识世界、改造世界的根本要求，是我们党的基本思想方法、工作方法、领导方法。不论过去、现在和将来，我们都要坚持一切从实际出发，理论联系实际，在实践中检验真理和发展真理。”“坚持实事求是，就要深入实际了解事物的本来面貌。要透过现象看本质，从零乱的现象中发现事物内部存在的必然联系，从客观事物存在和发展的规律出发，在实践中按照客观规律办事。坚持实事求是不是一劳永逸的，在一个时间一个地点做到了实事求是，并不等于在另外的时间另外的地点也能做到实事求是，在一个时间一个地点坚持实事求是得出的结论、取得的经验，并不等于在变化了的另外的时间另外的地点也能够适用。我们要自觉坚定实事求是的信念、增强实事求是的本领，时时处处把实事求是牢记于心、付诸于行。”“坚持实事求是，就要清醒认识和正确把握我国仍处于并将长期处于社会主义初级阶段这个基本国情。我们推进改革发展、制定方针政策，都要牢牢立足社会主义初级阶段这个最大实际，都要充分体现这个基本国情的必然要求，坚持一切从这个基本国情出发。任何超越现实、超越阶段而急于求成的倾向都要努力避免，任何落后于实际、无视深刻变化着的客观事实而因循守旧、固步自封的观念和做法都要坚决纠正。”“坚持实事求是，就要坚持为了人民利益坚持真理、修正错误。要有光明磊落、无私无畏、以事实为依据、敢于说出事实真相的勇气和正气，及时发现和纠正思想认识上的偏差、决策中的失误、工作中的缺点，及时发现和解决存在的各种矛盾和问题，使我们的思想和行动更加符合客观规律、符合时代要求、符合人民愿望。”“坚持实事求是，就要不断推进实践基础上的理论创新。马克思主义基本原理是普遍真理，具有永恒的思想价值，但马克思主义经典作家并没有穷尽真理，而是不断为寻求真理和发展真理开辟道路。今天，坚持和发展中国特色社会主义，全面深化改革，有效应对前进道路上可以预见和难以预见的各种困难与风险，都会提出新的课题，迫切需要我们从理论上做出新的科学回答。我们要及时总结党领导人民创造的新鲜经验，不断开辟马克思主义中国化新境界，让当代中国马克思主义放射出更加灿烂的真理光芒。”①

我们学习邓小平的领导风格，务必紧紧抓住群众路线和实事求是这两个基本点，我们必须懂得：坚持群众路线和实事求是是统一的。只有坚持群众路线，才能真正做到实事求是；也只有坚持实事求是，才能真正实行群众路线，真正代表最广大人民群众的根本利益。

（三）原则性、系统性、预见性和创造性，是邓小平领导风格的本质特征

1985 年 9 月 23 日，邓小平在中国共产党全国代表会议的讲话中提出：“我们现在要建设有中国特色的社会主义，时代和任务不同了，要学习的新知识确实很多，这就更要求我们努力针对新的实际，掌握马克思主义基本理论。因为只有这样，才能提高我们运用它的基本原则基本方法，来积极探索解决新的政治经济社会文化基本问题的本领，既把我们的事业和马克思主义理论本身推向前进，

① 《人民日报》2013 年 12 月 27 日，第二版

也防止一些同志，特别是一些新上来的中青年同志在日益复杂的斗争中迷失方向。”为此，他建议党中央能做出切实可行的决定，使全党的各级干部，首先是领导干部，在繁忙的工作中，仍然有一定的时间学习，熟悉马克思主义的基本理论，从而加强我们工作中的原则性、系统性、预见性和创造性。

邓小平在这里提出的领导工作“四性”，是他对领导工作的规律性认识，是他对全党的要求，也是对他自己领导经验的理论总结。原则性、系统性、预见性和创造性，是邓小平领导风格的本质特征。

原则性，这是邓小平领导风格的灵魂。领导工作，原则性是第一位的。没有原则，就没有领导。邓小平从20世纪初期投身于共产主义运动，一生“三落三起”，历经坎坷，也多次经受革命事业的艰难曲折，在70多年的革命生涯中，始终坚定马列主义、毛泽东思想的信念，始终坚定社会主义和共产主义信念，无私无畏，不屈不挠，意志顽强，坚韧不拔。立场从不动摇，信念从不动摇，原则从不动摇。毛泽东说他：“外面柔和一点，内部是钢铁公司”，“柔中寓刚，绵里藏针”，就是对他原则性的充分肯定。邓小平这种坚定的原则性，在新时期既表现在破除“两个凡是”束缚、平反冤假错案的勇于担当上，也表现在确立毛泽东同志和毛泽东思想历史地位的大智大勇上；既表现在推行农村家庭联产承包责任制、决策创办经济特区、实行市场经济取向改革的一系列重大举措上，也表现在反对资产阶级自由化、平息1989年政治风波、打破西方制裁的果敢行动上；既表现在毫不动摇地坚持“一个中心、两个基本点”的基本路线上，也表现在坚定不移地恢复和发扬党的优良传统作风上；既表现在国内治党、治国、治军的伟大实践中，也表现在国际政治斗争的义正词严中。无论从哪个角度来说，邓小平都是坚持原则的典范。国外许多学者把邓小平同毛泽东、周恩来等中共领袖人物进行比较研究后认为，毛泽东是具有超凡魅力的权威，邓小平是有组织性的权威，他从不在党内和军队内搞自己的小宗派，用组织和制度治国、治党、治军是邓小平领导艺术的典型特征之一。[①]

系统性，这是邓小平领导风格的主要特征。国家治理，本身就是一个系统工程。邓小平作为战略家，善于从宏观上、全局上、战略上、系统上观察问题、提出问题、分析问题和解决问题。在领导工作中，既善于抓住具有决定意义的关键环节，又善于总揽全局、推动全盘；既脚踏实地、尊重实践，又远见卓识、思路清晰。善于从事物的相互联系、相互渗透、相互作用中来分析事物，是邓小平思维和决策的一个重要特色。正如一位外国学者所说：“在人类历史上，大概还从未有过这样一个社会，像毛泽

① 中央文献出版社：《邓小平研究述评》下册，第950页

东去世后，邓小平成为最高领导以来的中国那样，在没有战争、暴力革命或经济崩溃的条件下，进行如此重大而全面的改革。”“邓小平是处在中国转折时期的伟人，他使中国从一个时代走向一个新时代，走向现代化。”[①] 邓小平关于要正确评价毛泽东的历史地位和完整准确地理解毛泽东思想科学体系的观点，关于一系列“两手抓”的观点，关于统筹兼顾、综合治理的观点，关于民主和法制关系的观点，关于正确处理改革、发展、稳定的关系的观点等，都体现了邓小平系统性的思维方法和领导方法。邓小平理论本身，同毛泽东思想一样，也是一个完整的思想体系，而这两个思想体系，又是一脉相承、一以贯之的，是理论与实践的统一、历史与逻辑的统一、继承与发展的统一。邓小平理论，既是毛泽东思想的直接的继承和发展，又是中国特色社会主义理论的奠基和开篇之作。它上承毛泽东思想，下启“三个代表”重要思想和科学发展观，是党、国家和人民永远值得珍视的思想理论财富。

预见性，这是邓小平领导风格的鲜明特点。领导需要预见。没有预见，就没有领导。邓小平是一位务实的思想家和实干家。邓小平曾坦言自己是“实事求是派”。邓小平的许多思想观点，都是取之于民、用之于民的。比如“不管黄猫、黑猫，只要捉住老鼠就是好猫”，比如“摸着

① 中央文献出版社：《邓小平研究述评》下册，第 952 页

石头过河”、“不务虚名、多做实事”、“不争论”等，都是群众语言，但经过邓小平的创造性提倡，都成为新时期的治国名言。邓小平又是一位高瞻远瞩的战略家，他既求真务实，又不就事论事。邓小平思考问题，总是把历史、现实、未来统一起来考虑，把静态和动态统一起来考虑，把局部和全局统一起来考虑，他总能站得更高一些，看得更远一些，想得更深一些，因而他总是善于抓住事物的本质和必然性。古人说，“不谋全局者，不足谋一域；不谋万世者，不足谋一时。”这一点在邓小平的领导实践中，有最鲜明的体现。邓小平关于社会主义发展前景的展望、关于农村两个飞跃的论断、关于我国现代化建设分“三步走”的战略目标、关于教育“三个面向”的战略方针、关于建立国际政治经济新秩序的战略构想，都是深谋远虑的科学预见，充分表现出邓小平卓越的战略洞察力和预见力。

创造性，这是邓小平领导风格的主线，贯穿于他的全部领导工作实践。邓小平一生独立思考，从不盲从。邓小平青年时期就讲过，一切都是辩证的，一切都是发展变化的。思想充满活力是邓小平的性格特征之一。基辛格曾对邓小平说过：“我知道中国有人比你更年轻，但我不知道，在中国还有人比你更有活力。”[①] 一位俄罗斯学者在评价

① 中央文献出版社：《邓小平研究述评》下册，第951页

邓小平时说："用现实主义态度对待世界，对待生活是马克思主义的精髓，所以，对他来说，知识的源泉就是不断变化的生活。一个政治家的任务就是要认真思考正在发生的变化和制定符合这种变化的路线，邓小平的人生哲学，不是斗争哲学，而是实践哲学。"①

邓小平的一系列重大决策和邓小平理论的一系列思想观点，充满了勇于探索的创造精神。比如，在思想理论方面，提出社会主义初级阶段理论、社会主义市场经济理论、执政党建设理论；在经济建设方面，提出"小康社会"、"翻两番"的新概念，提出经济隔几年就要上一个台阶的新思想；在科学技术方面，提出"科学技术是第一生产力"、"知识分子是工人阶级一部分"、"尊重知识、尊重人才"；在民主政治方面，提出要民主制度化、法律化，健全社会主义法制；在对外开放方面，决策创办经济特区，开放沿海城市；在祖国统一方面，提出"一国两制"战略构想；在国际战略方面，提出和平与发展是当代世界的主题等。邓小平以70多岁的高龄，开创了全新的事业，创立了全新的理论，这在人类发展历史上，是极少有的。从根本上说，源于他对马克思主义立场、观点、方法和中华民族智慧的融会贯通和熟练运用，源于他对时代脉搏、实践脉搏和群众脉搏的高度关注和准确把握，源于他对党

① 中央文献出版社：《邓小平研究述评》下册，第950页

和国家前途命运以及国际国内大局的冷静观察和深刻思考。邓小平曾经讲过，对马克思主义理解得最好的是列宁和毛泽东，列宁搞成了俄国革命，毛泽东搞成了中国革命。我们完全可以说，对毛泽东思想理解得最好的是邓小平，邓小平搞成了中国的改革开放。

原则性、系统性、预见性和创造性，这四者不是割裂的，而是统一的；不是孤立的，而是联系的；不是空洞的，而是实际的；不是零碎的，而是完整的。它也是中国共产党执政规律、社会主义建设规律、人类社会发展规律的一种体现，因而具有长远指导意义。实践表明，人类社会总是由简单到复杂、由低级向高级发展，因而它越是向前发展，思想方法问题越重要，精神状态问题越重要，世界观、人生观问题越重要。我们纪念邓小平，纪念一切伟大人物，除了缅怀他们的伟大业绩以外，最重要的是学习他们的思想理论和精神风范，不断提高素质，提高境界，提高水平，努力把世界观、人生观搞对头，把精神状态搞对头，把思想方法搞对头。有了这三个“搞对头”，从主观条件来说，许多事情就好办了。

第九章

邓小平的国际战略

邓小平始终站在国际大局与国内大局相互联系的高度审视中国的国际战略和发展问题。他反复强调，中国要实现自己的发展目标，必不可少的条件是安定的国内环境与和平的国际环境。我们不在乎别人说我们什么，真正在乎的是有一个好的环境来发展自己。正是基于这个根本着眼点，邓小平果断确立了我国外交战略上的两个重要转变，为我国抓住和用好可以大有作为的重大战略机遇期，赢得了极为宝贵的时间和空间。

邓小平是具有全球视野、战略视野的伟大外交家。邓小平为中国的和平发展和维护世界和平，作出了重大贡献。

邓小平深受毛泽东战略思维的影响。从“三个世界”、“一条线战略”，到“两大主题”、“两个转变”、“两个秩序”，邓小平的国际战略同毛泽东的国际战略，是一脉相承而又与时俱进的。1974 年 2 月 22 日，毛泽东在会见赞比亚总统卡翁达时，提出了关于“三个世界”的理论，这是中国关于当时世界格局的基本判断。毛泽东说：“我看美国、苏联是第一世界。中间派，日本、欧洲、澳大利亚、加拿大，是第二世界。咱们是第三世界。”“第三世界人口很多。亚洲除了日本都是第三世界。整个非洲是第三世界，拉丁美洲是第三世界。”这个战略思想有着极为丰富的内容和极其重大的意义。同年 4 月，毛泽东提议由邓小平率中国代表团出席联合国大会特别会议，在世界外交舞台上，全面阐述关于“三个世界”的理论。邓小平说：从国际关系的变化看，现在的世界实际上存在着互相联系又互相矛盾着的三个方面、三个世界。美国、苏联是第一世界。亚非拉发展中国家和其他地区的发展中国家，是第三世界。处于这两者之间的发达国家是第二世界。他表示：中国现在不称霸，将来也不做超级大国。如果中国有朝一日，变了颜色，变成一个超级大国，也在世界上称王称霸，到处欺负人家，侵略人家，那么，世界人民就应当给中国戴上一顶社会帝国主义的帽子，就应当揭露它，反对它，并且同中国人民一道，打倒它。

这是邓小平 1925 年离开法国后第一次踏上西方的土

地，也是新中国第一次派出国家领导人登上联合国的讲台。在一个存在近三十年的世界讲坛上，第一次发出了中国政府领导人的声音。邓小平的发言震动了整个会场。伸向他的一双双热情友好的手，缩短了中国与世界的距离，也使他感受到世界形势的冷暖变化。

中美关系是世界上最重要的双边关系，也是中国外交的重中之重。邓小平的国际战略，首先着眼于中美关系。5年后，1979年，中国农历大年初一，邓小平再次远渡重洋，访问美国。在这之前，他领导了中美两国的建交谈判，双方宣布从1979年1月1日起正式建立外交关系。1979年1月29日上午10点整，白宫迎来了它来自东方的最尊贵的客人。美国总统卡特和夫人陪同邓小平和夫人登上了铺有红地毯的宾礼台。军乐队奏响了中美两国的国歌，鸣礼炮19响。接着，邓小平和卡特并肩走过长长的红地毯，一起检阅三军仪仗队。当时邓小平担任的职务是中国国务院副总理，美国以最隆重的外交礼仪接待了邓小平。以至美国记者大发感慨说：一个国家的总统举行正式仪式，如此隆重地欢迎另一个国家的副总理，这在世界外交史上是极其罕见的。欢迎仪式结束后，卡特和邓小平并肩走进白宫。路上，他们谈笑风生。卡特说：“1949年4月，我作为一名年轻的潜艇军官，曾在青岛待过。”“是青岛吗?”邓小平笑着说，“当时我们的部队已经包围了那座城市。”跟在身后的总统安全事务助理布热津斯基开玩笑说："那你们早就认识了。"大家都笑了起来。宾主间的谈判也是在幽默中开始的。卡特说："我们已经有14位领导人访问过中国，你是第一位访问美国的中国领导人，在这方面美国占了便宜，14比1。"邓小平说："有好客传统的中国欢迎你们多占便宜。我现在就邀请阁下、副总统蒙代尔、国务卿万斯和安全事务助理布热津斯基以及其他美国朋友访华。"卡特风趣地说："如果所有这些人都接受你的邀请，我这里就没人工作了。作为总统，我首先表示接受邀请，让其他人等一等，以后再去。"在美国访问的八天时间里，邓小平不知疲倦，争分夺秒地进行了各种会谈，会见了数以百计的议员、州长、市长以及企业界和文化界人士。邓小平在不同场合向数千人发表了讲话，回答了近百名记者的提问。先后有2000多名记者采访报道了这一历史性访问，美国的三大主流电视网每天的黄金时间变成了"邓小平时间"。中国对国际事务和中美关系的立场，从来没有以如此有效的方式，直接为美国公众所直接了解。有评论说，邓小平以其独特的魅力在美利坚刮起了"邓小平旋风"。国际舆论普遍认为，邓小平的这次访美，对发展两国关系有着重要意义，是中美两大民族传统友谊史上新的里程碑。《世界论坛报》称"邓小平是世界和平的杠杆"。短暂的访问，邓小平的言谈举止给卡特留下了极为深刻的印象。他说："他身材矮小，性格坚强，有才智，坦率、勇敢、气宇不凡、自信、友好。同他谈判是一种乐趣。”他把接待邓小平来访视为其总统任内最愉快的事情之一。他认为在这位身材矮小却十分健壮的的中国领导人身上，“和谐完美地体现出了机智、豪爽、魄力、风度、自信和友善”。他说：“在这个过程中，我懂得了为什么有人说中国人是世界上最文明的民族。”邓小平陪同卡特一起观看了在肯尼迪中心举行的文艺晚会。演出结束的时候，邓小平走上舞台亲吻了演唱中国歌曲的美国孩子们。卡特在日记里写道：他亲吻了许多儿童，不少观众甚至感动得流泪了。参议员克泽尔特是极力反对中美关系正常化的，但这次演出后，他说他们输了，谁能投票反对一群唱中国歌曲的孩子呢？卡特后来竞选连任失败，他访问中国时对邓小平说：你在美国人心目中是个英雄的形象，如果你做我的竞选伙伴，我肯定能连任成功。

不仅同卡特，邓小平同几任美国总统都建立了良好关系。布什说：邓小平在全世界都受到尊敬。他是善于思考全球性重大问题的思想家。即使在一些小事情上，邓小平也给人留下了深刻的印象。他赢得了美国人民的心。

尼克松说：我见过邓小平四次，我每次离开北京时，他那勇往直前的坚强决心和绝对的自信都给我留下了一次比一次深刻的印象，而且每次我对他的印象都由于他领导的国家正在发生的巨大变化而进一步加强。尼克松 1989 年 10 月 31 日第六次访问中国。这时中美关系正处于非常严峻的时刻。因为春夏之交中国政府果断采取了措施，平息了北京的政治风波，却招来以美国为首的西方国家的指责和制裁。尼克松这个时候访问中国，他自己说是17年前第一次来中国访问以来最敏感、最有争议的访问。邓小平会见了他。邓小平坦诚地对尼克松说："现在是否可以这样说，我们同美国也应该结束这几个月的过去，开辟未来。"他说："很遗憾，美国在这个问题上卷入太深了，并且不断地责骂中国。中国是真正的受害者。中国没有做过一件对不起美国的事。可以各有各的看法，但不能要我们接受别人的错误指责。"邓小平严正指出："这是中国的内政。目的就是要稳定，稳定才能搞建设。道理很简单：中国人这么多，底子薄，没有安定团结的政治环境，没有稳定的社会秩序，什么事也干不成。稳定压倒一切。"邓小平请尼克松转告美国总统布什，"结束过去，美国应该采取主动，也只能由美国采取主动。因为强的是美国，弱的是中国，受害的是中国。"他说："要中国来乞求，办不到。哪怕拖一百年，中国人也不会乞求取消制裁。"邓小平郑重地说："如果中国不尊重自己，中国就站不住，国格没有了，关系太大了。中国任何一个领导人在这个问题上犯了错误都会垮台的，中国人民不会原谅的。"邓小平说："这是我讲的真话。"①

邓小平出访不多，但多年来他以充沛的精力进行了大

① 《邓小平文选》第三卷，第331、332页

量外事活动，会见了大批外宾。不断的拥抱和握手，不单是友好往来，更是观念的交流和碰撞。正是在这种交流和碰撞中，邓小平对当今时代特征和总体国际形势，对世界上其他社会主义国家的成败，发展中国家谋求发展的得失，发达国家发展的态势和矛盾，作出了新的判断。

20 世纪 80 年代中期，邓小平敏锐地看到当今世界的基本主题是和平与发展。他说：现在世界上真正大的问题，带全球性的战略问题，一个是和平问题，一个是经济问题或者说发展问题。和平问题是东西问题，发展问题是南北问题。概括起来，就是东西南北四个字。南北问题是核心问题。[①] 这是邓小平对国际局势作出的最重大的战略判断。

邓小平始终站在国际大局与国内大局相互联系的高度审视中国的国际战略和发展问题。他反复强调，中国要实现自己的发展目标，必不可少的条件是安定的国内环境与和平的国际环境。我们不在乎别人说我们什么，真正在乎的是有一个好的环境来发展自己。正是基于这个根本着眼点，邓小平果断确立了我国外交战略上的两个重要转变，为我国抓住和用好可以大有作为的重大战略机遇期，赢得了极为宝贵的时间和空间。1985 年 6 月 4 日，邓小平在军委扩大会议上讲话，提出：粉碎“四人帮”以后，特别

① 《邓小平文选》第三卷，第 105 页

是党的十一届三中全会以后，我们对国际形势的判断有变化，对外政策也有变化，这是两个重要的转变。第一个转变，是对战争与和平问题的认识。过去我们的观点一直是战争不可避免，而且迫在眉睫。我们好多的决策，包括一、二、三线的建设布局，"山、散、洞"的方针在内，都是从这个观点出发的。这几年我们仔细地观察了形势，认为就打世界大战来说，只有两个超级大国有资格，一个苏联，一个美国，而这两家都还不敢打。第二个转变，是我们的对外政策。过去有一段时间，针对苏联霸权主义的威胁，我们搞了"一条线"的战略，就是从日本到欧洲一直到美国这样的"一条线"。现在我们改变了这个战略，这是一个重大的转变。世界上都在说苏、美、中"大三角"。我们不讲这个话，我们对自己力量的估计是清醒的，但是我们也相信中国在国际事务里面是有足够分量的。[①]

面对国际形势的深刻变化，邓小平提出要建立国际新秩序。他说："世界上现在有两件事情要同时做，一个是建立国际政治新秩序，一个是建立国际经济新秩序。关于国际经济新秩序，早在一九七四年我在联合国发言时，就用了很长时间讲这个问题。这个问题我们一直在提，今后也还要提。至于国际政治新秩序，我认为，中印两国共同倡导的和平共处五项原则是最经得住考验的。这些原则的

① 《邓小平文选》第三卷，第126、127、128页

创造者是周恩来总理和尼赫鲁总理。这五项原则非常明确，干净利落，清清楚楚。我们应当用和平共处五项原则作为指导国际关系的准则。我们向国际社会推荐这些原则来指导国际关系，首先我们两国之间的关系要遵循这些原则，而且我们同各自的邻国之间的关系也要遵循这些原则。”①

邓小平明确提出了建立国际关系新秩序的主要原则。他说：“国际关系新秩序的最主要的原则，应该是不干涉别国的内政，不干涉别国的社会制度。要求全世界所有国家都照搬美、英、法的模式是办不到的。世界上那么多伊斯兰国家就根本不可能实行美国的所谓民主制度，穆斯林人口占了世界人口的五分之一。中华人民共和国不会向美国学习资本主义制度，中国人口也占了世界人口的五分之一。还有非洲，非洲统一组织的强烈的普遍的呼声就是要求别国不要干涉他们的内政。这是世界局势的一个大背景。在这样的背景下，如果西方发达国家坚持干涉别国内政，干涉别国的社会制度，那就会形成国际动乱，特别是第三世界不发达国家的动乱。第三世界国家要求有稳定的政治环境来摆脱贫困。政治不安定，谁还有精力搞饭吃？更谈不上发展了。所以现在确实需要以和平共处五项原则作为新的国际政治、经济秩序的准则。现在出现的新的霸

---

① 《邓小平文选》第三卷，第282、283页

权主义、强权政治，是不能长久维持的。少数国家垄断一切，这种形式过去多少年没有解决任何问题，今后也不能解决任何问题。”①

邓小平亲自主持制定了我国独立自主的和平外交政策。邓小平指出：“中国的外交政策，主要是两句话。一句话是反对霸权主义，维护世界和平，另一句话是中国永远属于第三世界。中国现在属于第三世界，将来发展富强起来，仍然属于第三世界。中国和所有第三世界国家的命运是共同的。中国永远不会称霸，永远不会欺负别人，永远站在第三世界一边。”“中国的对外政策是独立自主的，是真正的不结盟。中国不打美国牌，也不打苏联牌，中国也不允许别人打中国牌。中国对外政策的目标是争取世界和平。在争取和平的前提下，一心一意搞现代化建设，发展自己的国家，建设具有中国特色的社会主义。”②

1989 年 12 月 1 日，邓小平会见以樱内义雄为团长的日本国际贸易促进协会访华团主要成员，提出：国家的主权、国家的安全要始终放在第一位，对这一点我们比过去更清楚了。西方的一些国家拿什么人权、什么社会主义制度不合理不合法等做幌子，实际上是要损害我们的国权。搞强权政治的国家根本就没有资格讲人权，他们伤害了世界上多少人的人权！从鸦片战争侵略中国开始，他们伤害

① 《邓小平文选》第三卷，第 359、360 页

② 《邓小平文选》第三卷，第 56、57 页

了中国多少人的人权！巴黎七国首脑会议要制裁中国，这意味着他们自认为有至高无上的权力，可以对不听他们话的国家和人民进行制裁。他们不是联合国，联合国的决议还要大多数同意才能生效，他们凭什么干涉中国的内政？谁赋予他们这个权力？任何违反国际关系准则的行动，中国人民永远不会接受，也不会在压力下屈服。①

1982 年 9 月，英国首相著名的“铁娘子”撒切尔夫人访问北京。英国政府为这次访问作了充分准备，提出了以治权换主权的方案。而就在这次访问前的三个月，英国在同阿根廷打的马尔维纳斯群岛之战中赢得胜利。撒切尔此行，可以说是满面春风，信心满满。邓小平同撒切尔的会见也在轻松愉快中开始。撒切尔夫人问道：“听说你是刚从外地回来。”邓小平答：“我是陪同金日成主席去了四川。”“这次旅行一定很愉快吧?”撒切尔夫人又问了一句。“不错，我们在四川吃过好几次川菜，我很喜欢川菜，中国是以川菜和粤菜最为著名。”说到这里，邓小平问陪同来访的港督尤德爵士是喜欢川菜还是粤菜。尤德说：“两样我都喜欢。不过，我的外交生活正是从四川方面开始的。”邓小平说：“那么你也是四川人了。”“尤德爵士的说话很有外交辞令。”撒切尔夫人从旁打趣说，“我倒觉得苏州菜风味不错。”5 年前访问中国时她去过苏州。邓小平

① 《邓小平文选》第三卷，第 348 页

笑着说："以游客来说，总是到哪里说哪里的菜好。"交谈中，邓小平说起了马克思曾在伦敦住了很长一段时间，仔细考察了英国工人的生活状况时，撒切尔以她特有的风格不露声色地说了一句："是啊，马克思写了一部《资本论》，但他本人恰恰最缺乏资本。"会谈正式开始后，撒切尔开门见山，直奔主题。她对邓小平说："英国是根据历史上的三个条约管理香港的，这三个条约至今仍然有效，不能单方面废除。虽然条约是写在纸上，但任何手段都不能消除它存在的事实。"她说，如果中英两国政府能够对香港的未来达成一个协议，而这个协议能得到她的满意，能为香港人接受，而且能使她说服英国议会，这样她可以考虑香港的主权问题。听到撒切尔的这番话后，邓小平不慌不忙，但坚定有力地说："我们对香港问题的基本立场是明确的，这里主要有三个问题：一个是主权问题；再一个问题，是一九九七年后中国采取什么方式来管理香港，继续保持香港繁荣；第三个问题，是中国和英国两国政府要妥善商谈如何使香港从现在到一九九七年的十五年中不出现大的波动。"邓小平提出的这三个问题，更重大也更根本，更本质也更实际，自然而然地占据了谈判的中心位置，牢牢把握了会谈的主动权。邓小平继续说："关于主权问题，中国在这个问题上没有回旋余地。坦率地讲，主权问题不是一个可以讨论的问题。现在时机已经成熟了，应该明确肯定：一九九七年中国将收回香港。就是说，中国要收回的不仅是新界，而且包括香港岛、九龙。中国和英国就是在这个前提下来进行谈判，商讨解决香港问题的方式和办法。如果中国在一九九七年，也就是中华人民共和国成立四十八年后还不把香港收回，任何一个中国领导人和政府都不能向中国人民交待，甚至也不能向世界人民交待。如果不收回，就意味着中国政府是晚清政府，中国领导人是李鸿章！我们等待了三十三年，再加上十五年，就是四十八年，我们是在人民充分信赖的基础上才能如此长期等待的。如果十五年后还不收回，人民就没有理由信任我们，任何中国政府都应该下野，自动退出政治舞台，没有别的选择。所以，现在，当然不是今天，但也不迟于一、二年的时间，中国就要正式宣布收回香港这个决策。我们可以再等一、二年宣布，但肯定不能拖延更长的时间了。”“中国宣布这个决策，从大的方面来讲，对英国也是有利的，因为这意味着届时英国将彻底地结束殖民统治时代，在世界公论面前会得到好评。所以英国政府应该赞成中国的这个决策。中英两国应该合作，共同来处理好香港问题。”[①] 邓小平的语气虽然是平静的，但他表达的国家意志和民族感情却是强烈的，不容置疑的。他讲到了晚清政府，讲到了李鸿章，那一段历史是整个中华民族刻骨铭心的屈辱历史，中国的记忆是清醒的，世界的记忆也是清

① 《邓小平文选》第三卷，第12、13页

醒的。在主权问题不能谈的情况下，撒切尔和邓小平谈起了治权问题，发表了她对保持香港繁荣稳定的观点。她直截了当地说："香港的繁荣有赖于信心，而信心除有赖于中英双方的良好关系外，还有赖于稳定的货币以及目前香港所实行的制度，而这一切有赖于英国的管理。"对于撒切尔这样显然偏颇的观点，邓小平当然不能同意。但他依然十分平静地说："保持香港的繁荣，我们希望取得英国的合作，但这不是说，香港继续保持繁荣必须在英国的管辖之下才能实现。香港继续保持繁荣，根本上取决于中国收回香港后，在中国的管辖之下，实行适合于香港的政策。""现在人们议论最多的是，如果香港不能继续保持繁荣，就会影响中国的四化建设。我认为，影响不能说没有，但说会在很大程度上影响中国的建设，这个估计不正确。如果中国把四化建设能否实现放在香港是否繁荣上，那末这个决策本身就是不正确的。"邓小平继续说："我还要告诉夫人，中国政府在做出这个决策的时候，各种可能都估计到了。我们还考虑了我们不愿意考虑的一个问题，就是如果在十五年的过渡时期内香港发生严重的波动，怎么办？那时，中国政府将被迫不得不对收回的时间和方式另作考虑。如果说宣布要收回香港就会像夫人说的'带来灾难性的影响'，那我们要勇敢地面对这个灾难，做出决策。”[①] 撒切尔从首相位置退休后，出版了回忆录《唐宁街的岁月》，真实地追忆了中英谈判的过程，真诚地表达了她对邓小平的钦佩之情。她说：“我早就听说邓小平是实事求是的人，跟他一打交道，我还发现他是一个非常执着的人，他的态度很坚决。他说，香港主权根本不在讨论之列，稍后中国会正式公布收回香港的决定。这一点出乎我的意料。和邓小平的谈判进行得相当艰难，我连最初的基本目标都没有能够达到，但也不能算彻底失败。我毕竟说服邓小平发表了一个简短的声明，宣布两国正在共同本着维持香港繁荣稳定的目标展开谈判。”

上个世纪80年代末90年代初，随着苏联解体和东欧剧变，世界格局发生了二战以来的最深刻变化和历史性转折。国际局势的发展进一步证明了邓小平国际战略的正确性。邓小平及时提出了面对复杂的国际政治斗争，要冷静观察、稳住阵脚、沉着应付、韬光养晦、有所作为的方针，并且反复强调，不论国际形势如何变化，关键是把中国自己的事情办好。1989年5月，在排除中苏关系正常化三大障碍之后，邓小平邀请苏联最高苏维埃主席团主席、苏共中央总书记戈尔巴乔夫访华，实现了中苏两党和两国关系的正常化。当时的北京很不平静，但邓小平波澜不惊、稳如泰山。他在会见戈尔巴乔夫的谈话中，提出了

① 《邓小平文选》第三卷，第13、14页

“结束过去，开辟未来”的著名口号，讲了历史上中国在列强压迫下遭受迫害的情况。他说：“从鸦片战争起，中国由于清王朝的腐败，受列强侵略奴役，变成了一个半殖民地半封建国家。欺负中国的列强，总共大概是十几个，第一名是英国，比英国更早，强租中国领土澳门的，是葡萄牙。从中国得利最大的，则是两个国家，一个是日本，一个是沙俄，在一定时期一定问题上也包括苏联。”① 在这次会见中，邓小平以他伟大战略家和思想家思接千载、视通万里的想象力，谈到了如何认识和发展马克思主义的问题。他说：“马克思去世以后一百多年，究竟发生了什么变化，在变化的条件下，如何认识和发展马克思主义，没有搞清楚。绝不能要求马克思为解决他去世之后上百年、几百年所产生的问题提供现成答案。列宁同样也不能承担为他去世以后五十年、一百年所产生的问题提供现成答案的任务。真正的马克思列宁主义者必须根据现在的情况，认识、继承和发展马克思列宁主义。”他说：“世界形势日新月异，特别是现代科学技术发展很快。现在的一年抵得上过去古老社会几十年、上百年甚至更长的时间。不以新的思想、观点去继承、发展马克思主义，不是真正的马克思主义者。”他说：“列宁之所以是一个真正的伟大的马克思主义者，就在于他不是从书本里找到革命道路，而

① 《邓小平文选》第三卷，第 292、293 页

是从实际、逻辑、哲学思想、共产主义理想上找到革命道路，在一个落后的国家干成了十月社会主义革命。中国伟大的马克思列宁主义者毛泽东，并不是在马克思列宁主义的书本里寻求在落后的中国夺取新民主主义革命胜利的途径。马克思能预料到在一个落后的俄国会实现十月革命吗？列宁能预料在中国会用农村包围城市夺取胜利吗？”他说：“革命是这样，建设也是这样。在革命成功后，各国必须根据自己的条件建设社会主义。固定的模式是没有的，也不可能有。墨守成规的观点只能导致落后，甚至失败。”① 邓小平的这篇重要谈话，超出了中苏关系，也超出了一般外交工作，是马克思主义发展史和世界外交史上的神来之笔。

① 《邓小平文选》第三卷，第291、292页

第十章

邓小平的语言艺术

邓小平喜欢查字典，在文字上追根溯源，他讲话、写文章用语总是十分准确；他喜欢看地图，总是能够恰当地把握所谈问题的历史和时代方位；他喜欢打桥牌，锻炼自己强健的脑力和敏捷的思维；他喜欢独自冷静思考，重大问题从不假手于人，因而他总能保持清晰的思路和深刻的见解；他长期坚持亲自动手写文件、写文章，锤炼了具有鲜明特色的“邓小平文风”。

毛泽东是伟大的革命家、战略家，也是伟大的文化巨人，是公认的语言大师。毛泽东诗词，横空出世，雄视千古；毛泽东书法，汪洋恣肆，大气磅礴；毛泽东文章，融汇古今，博大精深。长期以来，我们党的一些重大概念、重大提法、政治用语，主要是毛泽东提出来的；许多重要论述，也主要是毛泽东完成的。毛泽东语言的最大特点是摆事实、讲道理，立论准确，逻辑谨严，生动活泼，富有说服力和感染力，具有鲜明的中国特色。

邓小平是伟大的革命家、战略家，也是具有成熟鲜明语言风格的伟大政治家。邓小平的语言风格，简练、幽默、平实，同样具有鲜明的中国特色。

邓小平说话办事都干净利落。他长期养成的习惯，“开会不作记录，平时不写笔记，发言讲话不写讲稿，最多一个纸条记几个数字，但凡落笔都在文件上。处理文件都是当日事当日毕，看完批完就让秘书拿走，办公室内不留文件。他的办公室内确实干净简单，除了书籍以外，几乎什么也没有。”以至于“文化大革命”时中南海的造反派来抄家，竟连只字片纸也没有找到。极度失望的造反派悻悻地说：“一点笔记都没有，这个总书记，也不知道是怎么当的!”

走在历史前面的邓小平，一向拥有少说多做、实在质朴、勇于担当的鲜明个性。

简练是他语言艺术的一个突出特点。在晚年，孩子们曾经问他长征是怎么过来的，他的回答三个字：“跟着走。”问起他在太行山时期都做了些什么事，他的回答两个字：“吃苦。”谈起他和刘伯承率领的第二野战军的历史，他的评价也是两个字：“合格。”1968 年 10 月，邓小平被撤销了一切职务，保留党籍，次年被下放到江西。1973 年 3 月 10 日，中共中央决定，恢复邓小平的党组织生活和国务院副总理的职务。这年 2 月，邓小平从江西下放地回到北京，时隔六年多，毛泽东第一次召见他，问他："你在江西这么多年做了什么？"邓小平回答了两个字："等待。"外宾问他第三次被打倒后的感受，他的回答还是两个字："忍耐。"

邓小平常常用最简练的语言，一语中的，讲清楚最重大、最关键的问题。1979 年邓小平访问美国，在白宫与美国总统卡特亲切会见，就在两位领导人含笑握手的一刹那，来自世界各地的新闻记者竞相揿动快门，记录下这历史的伟大时刻。这时邓小平以他出众的外交智慧和语言表达艺术说："这是两国人民在握手。"这九个字高度凝练，意蕴丰富，充分展现了邓小平高瞻远瞩的气魄和正大庄严的形象。

1989 年 9 月 4 日，邓小平同中央几位负责同志谈话，在谈到对于"国际形势"的态度时，邓小平说："对于国际局势，概括起来就是三句话：第一句话，冷静观察；第二句话，稳住阵脚；第三句话，沉着应付。不要急，也急不得。要冷静、冷静、再冷静，埋头实干，做好一件事，我们自己的事。"这段话连用了三个四字格短语，高度概括了我们对国际局势的态度。同样，他在《军队整顿的任务》一文中指出："军队建设中确实存在不少问题，在座的许多同志也有这个感觉。我想了一下，有五个字。”“一是有点肿。……”“二是有点散。……”“三是有点骄。……”“四是有点奢。……”“五是有点惰。……”这种方法即古人所谓的“提纲挈领法”。简明扼要，说理清晰，读来使人印象十分深刻。

翻开《邓小平文选》，斩钉截铁的论断，势如破竹的议论，痛快淋漓的表达，生动鲜活的语言，俯拾即是，不胜枚举。邓小平的著作，有宏篇巨制，但主体是字字珠玑的短小篇什。在邓小平的辞典里，“人民”的分量最重，“发展”的频率最高。人民满意不满意、高兴不高兴、赞成不赞成、答应不答应、拥护不拥护、支持不支持，是邓小平思维逻辑的根本点，也是邓小平语言艺术的聚焦点。有人做过统计，在三卷《邓小平文选》中，1148 页的正文，“发展”一词出现了 1066 次。尤其是第三卷，383 页的正文中，竟有 558 次提到了“发展”。

邓小平讲过一句黄钟大吕般振聋发聩的名言：发展才是硬道理。

这里，我们以邓小平在 1992 年南方谈话这篇纲领性文献中关于发展的精彩论述为例，来领略邓小平言简意赅的语言魅力。为什么要发展？邓小平说，不坚持社会主义，不改革开放，不发展经济，不改善人民生活，只能是死路一条。怎样发展？其一，邓小平说，革命是解放生产力，改革也是解放生产力。其二，邓小平说，要坚持党的十一届三中全会以来的路线、方针、政策不动摇，关键是坚持“一个中心、两个基本点”。基本路线要管一百年，动摇不得。只有坚持这条路线，人民才会相信你，拥护你。其三，邓小平说，改革开放胆子要大一些，敢于试验，不能像小脚女人一样。看准了的，就大胆地试，大胆地闯。深圳的重要经验就是敢闯。没有一点闯的精神，没有一点“冒”的精神，没有一股气呀、劲呀，就走不出一条好路，走不出一条新路，就干不出新的事业。其四，邓小平说，计划多一点还是市场多一点，不是社会主义与资本主义的本质区别。计划经济不等于社会主义，资本主义也有计划；市场经济不等于资本主义，社会主义也有市场。计划和市场都是经济手段。社会主义的本质，是解放生产力，发展生产力，消灭剥削，消除两极分化，最终达到共同富裕。其五，邓小平说，我们的经济发展，总要力争隔几年上一个台阶。从我们自己这些年的经验来看，经济发展隔几年上一个台阶，是能够办得到的。从根本上说，手头东西多了，我们在处理各种矛盾和问题时就立于主动地位。对于我们这样发展中的大国来说，经济要发展得快一点，不可能总是那么平平静静、稳稳当当。要注意经济稳定、协调地发展，但稳定和协调也是相对的，不是绝对的。发展才是硬道理。其六，邓小平说，经济发展得快一点，必须依靠科技和教育。高科技领域，中国也要在世界占有一席之地。用什么条件保证发展？第一，邓小平说，要坚持两手抓，一手抓改革开放，一手抓打击各种犯罪活动。这两只手都要硬。打击各种犯罪活动，扫除各种丑恶现象，手软不得。第二，邓小平说，在整个改革开放过程中都要反对腐败。对干部和共产党员来说，廉政建设要作为大事来抓。还是要靠法制，搞法制靠得住些。第三，邓小平说，在整个改革开放过程中，必须始终注意坚持四项基本原则。依靠无产阶级专政保卫社会主义制度，这是马克思主义的一个基本观点。第四，邓小平说，正确的政治路线要靠正确的组织路线来保证。中国的事情能不能办好，社会主义和改革开放能不能坚持，经济能不能快一点发展起来，国家能不能长治久安，从一定意义上说，关键在人。中国要出问题，还是出在共产党内部。第五，邓小平说，学马列要精，要管用的。实事求是是马克思主义的精髓。要提倡这个，不要提倡本本。我们改革开放的成功，不是靠本本，而是靠实践，靠实事求是。

这就是邓小平，高屋建瓴而又深入浅出，道理深刻而又语言平实，旗帜鲜明而又要言不烦，在一篇不太长的讲话中，把关于发展和改革开放几乎所有重大问题都讲到了，都讲透了，都讲清楚了。

邓小平语言的另一个特点是幽默。邓小平一生既波澜壮阔，又历经磨难，他坦率地承认自己是“实事求是派”、“乐观主义者”。他说：“没有别的，就是乐观主义……如果天天发愁，日子怎么过?”“我们都是国际共产主义运动的老战士……我们要把经历过的好的时期记住，坏的时期忘掉，我们都是乐观主义者。”乐观主义使邓小平养成了幽默的性格和语言风格。

1957年1月12日，清华园里，万余师生冒着凛冽的寒风等待着邓小平来作报告。邓小平用缓慢而清晰的语调开始了他的报告：“过去，我们部队有的战士不爱听报告，屁股坐不住，讲怪话：‘不怕飞机加大炮，就怕政委作报告。’今天，我这个政委来给你们作报告，你们怕不怕呀?”邓小平这番诙谐幽默的话语，一下子拉近了他与听众的距离，受到了师生们的热烈欢迎。

1962年7月，邓小平在谈到恢复农业生产的措施时，为了形象地表达自己的观点，他引用了一句四川的俗语：“不管黄猫、黑猫，捉住老鼠的就是好猫。”

在十一届三中全会后，我们国家的发展走上了健康的轨道，邓小平幽默的语言风格愈来愈强烈地流露出来。1979年访美时，到美国后的第一顿晚餐，是参加美国国家安全顾问、总统助理布热津斯基的家宴。席间，布热津斯基提出了一个带刺的问题，他说，中国人和法国人有一个共同点，就是都认为自己的文明优于所有其他国家。面对这个很难回答的问题，邓小平微微一笑：“我们可以这样说，在东亚，中国的饭菜最好；在欧洲，法国的饭菜最好。”邓小平在卡特总统设的国宴上谈笑风生。当雪莉·麦克莱恩对他个人的经历表示兴趣时，邓小平幽默地说："如果对政治上东山再起的人设置奥林匹克奖的话，我很有资格获得该奖的金牌。"在美国期间，有人问邓小平："我们当初决定实现关系正常化时，你在国内有没有遇到政治上的反对势力?"邓小平果断回答说："有!"在场的人感到很惊讶，他不紧不慢地说："在中国的一个省——台湾，遇到了激烈的反对。"当有的记者问他和卡特会谈都谈了什么时，他说："我们无所不谈，上至天文，下至地理。"引来满堂愉快的笑声。

邓小平是内地最早阅读金庸小说的人之一。邓小平在20世纪70年代后期自江西返回北京，就托人从境外买了一套金庸小说，这部书他很喜欢读。1981年邓小平会见金庸时，热情地握着他的手说："欢迎查先生。我们已经是老朋友了。你的小说我读过，我这是第三次重出江湖啊！你书中的主角大多历经磨难才成大事，这是人生规律。"

1993年10月，邓小平乘坐面包车逛了一次京城。他先沿着长安街看市容，然后到了东南三环的快速路和四元立交桥，最后又看了机场高速公路。进入机场高速公路时，要交20元钱的通行费。女儿让他拿钱，他说，我哪里有钱?！从1929年起，我身上就分文全无。虽然是逛街，他的心里还是想着小康目标，他指着机场高速公路问：这样的路算不算小康水平？车上的人说：已经超过了。他又指着自己的烟灰色夹克衫，问：我这件衫子算不算小康水平？车上的人回答说：您这件是名牌，也超过了。邓小平和大家都欣慰地笑了。有一年过春节，邓小平在上海坐车参观杨浦大桥。当汽车驶上雄伟的杨浦大桥，放眼浦江两岸，从不作诗的邓小平喜出望外，情不自禁，脱口而出："喜看今日路，胜读十年书。"1986 年，邓小平游罢漓江山水，人们请他题词，随同的孙子顺口说，就写到此一游吧，邓小平会心一笑，高兴地写下"一九八六年一月二十一日　到此一游　邓小平"。这样率意简洁的题词，古今中外，绝无仅有吧？

邓小平语言艺术又一个突出特点是平实。邓小平文如其人，已臻至境。他讲话、写文章，决不矫揉造作，决不装腔作势，决不哗众取宠，更没有半句套话空话。他喜欢用数字说话，喜欢直截了当。1950 年，刘邓大军解放大西南后，邓小平曾用 90 万、6000 万和 60 万三个数字来概括当时的形势和任务。90 万，就是把在战争中投诚和俘虏的 90 万原国民党部队改造成人民的军队；6000 万，就是要组织西南地区 6000 多万人民群众实行土改，发展经济；60 万，是说在西南的 60 万军队不仅要成为战斗队，还要成为工作队。邓小平有一次会见外宾时说："中国方面直截了当地说出自己的观点和见解。毛泽东主席是个军人，周恩来也是军人，我也一样。"从 1926 年回国到 1989 年退休，在长达 63 年的岁月里，邓小平没有军职的时间还不到 10 年。长期的军旅生涯，养成了邓小平果断、鲜明的语言风格。据部队的将领们回忆，战争年代，邓政委布置任务时的讲话，总是干脆利落，雷厉风行，就像打出的一颗子弹。

《邓小平文选》第一卷收入的《关于西南地区的土改情况和经验》一文，是邓小平 1951 年 5 月 9 日写给党中央和毛泽东同志综合报告的节录，是一篇言简意赅、耐人寻味的好文章。这篇文章，毛泽东极为赞赏，也最能体现邓小平简练平实的语言艺术。毛泽东 5 月 16 日在向全国各地批转这个报告的电报中指出："小平同志的报告很好，发给你们研究。我的意见附注在报告各段里面，并供你们参考。"在六个自然段、一千七百多字的报告正文里，毛泽东竟作了六处批注。

第一处，第三自然段，邓小平说：在"淮海战役"的基础上，我们又在今年二、三、四月进行而且完成了第一期分配土地的工作。第一期土改范围为十八个县又十二个区和一百五十八个乡及重庆、万县、南充三个市郊区，共一千三百五十一万余人口的地区。各地土改都是结合复查反霸退押，惩治不法地主，发动贫雇农，进一步改造农会领导和镇压反革命等内容进行的。毛泽东在此处批注：所有这些都很好，都值得庆贺，一切尚未做到这一步的地方，都应这样做。毛注。

仔细阅读邓小平的报告和毛泽东的批注，毛泽东这里批的"所有这些"，是应该包括第二自然段的内容的。邓小平在第二自然段讲道：西南的“淮海战役”，即清匪反霸减租退押运动，去年七月着手准备，十一月全面展开，到今年四月中旬为止，已在二百零八个县、七个市郊，六千六百六十余万人口，即占全区人口百分之八十三的地区，宣告胜利结束。只有云南大部，贵州二十个县，川西、西康的少数民族地区，尚未进行或不应进行，云南二百万人口的地区正在进行。这个运动规模较大，斗争异常剧烈。预计全区可得减租退押和惩治不法地主的果实七十七亿斤米，已经到手的约六十五亿斤米（实际上要多），其中又以川东可得二十五亿斤已得约二十二亿斤为最多，川西可得十五亿斤已得十二亿斤次之。全区农民协会会员已发展到二千万余人，占人口百分之二十八，人民武装已发展到二百二十四万余人，占人口百分之三。更重要的是出现了大批农民积极分子。特别在运动后期，明确了发动贫雇农方针，从退押和惩治不法地主中，适当满足了贫雇农的经济要求，并随着运动的深入，在贫雇农积极动员起来的基础上，一步一步地改造了农会领导成分和农村政权。这样才奠定了分配土地的可靠基础。总起来看，农民是真正翻身了，农村出现了崭新的气象，下乡的民主人士一致认为这是历史奇迹，异口同声地说城市落后了。

第二处，第五自然段，邓小平说：经验证明，不镇压反革命，封建势力不会低头，贫雇农不敢起来，退押、土改也不会这样顺利完成。毛泽东批注：所有这些都是正确的，各地都应这样做。毛注。仔细阅读邓小平的报告和毛泽东的批注，毛泽东在此处批注的“所有这些”，同样是应该包括邓小平报告第四自然段的内容的。邓小平在第四自然段讲道：经验证明，土改必须在贫雇农发动起来的基础上去进行，才不致煮夹生饭。我们决定，必须从退押特别是从惩治不法地主的斗争中，一方面进一步搞垮封建，一方面使贫雇农得到适当的经济利益，从而发动贫雇农，改造农会领导成分。这个决定是很正确的。各地这样做了。不少地区贫雇农获得了每人一百斤米左右的果实，有的地方相当于中农所得的果实，多数乡村贫雇农取得了农会的主要领导地位。所以，凡属完成了土改的地方，农村基础更加强固，煮夹生饭的比重不大。在以后进行土改的地方，都必须体会这个经验，坚持复查减租退押，惩治不法地主，适当满足贫雇农要求，改造农会和乡村政权的领导成分这个明确的方针。

第三处，第五自然段，邓小平说：关于镇反问题已作了几次报告，最近情形，周兴同志到京面陈。总的说来成绩很大，做得很对，但在镇反和惩治不法地主两个问题上，有些地方发生了控制不严的毛病。运动愈到后期，愈是轰轰烈烈，下面同志脑筋愈热，领导机关愈要注意控制，这是我们及各省区党委应有的教训。上述两个运动的后期，事前不请示，事后不报告，不按章程办事的无政府无纪律的风气，又在抬头，我们已告各地注意克服。毛泽东在“又在抬头”后面批注：请中南、华东各省严密注意这些教训，坚决执行请示报告制度，绝对不容许此种坏作风抬头。毛注。

第四处，第六自然段，邓小平说：此外，（一）抗美援朝运动，四月份已普及到农村，签名者已达三千三百万余人，参加“五一”示威者二千一百九十余万人，还在继续开展中。（二）第一期扩兵九万只在川东（五万）、川北（四万）两区进行，反映很顺利，费力很小。（三）全区干部从五月起进入整风，总结前一段经验（包括镇反），准备第二期土改和布置今后镇反，方法仍是肯定成绩，发扬优点，纠正缺点，并注意纠正无政府无纪律倾向。毛泽东在此处批注：请你们考虑可否仿照西南办法在六七两月来一次整风，在冬季再来一次整风，不要等候冬季作一次整。毛注。

第五处，第六自然段，邓小平说：（四）注意春耕生产的领导。各地同志反映群众真正起来了，领导思想往往落于群众觉悟程度之后。许多同志总以为抗美援朝妨碍工作，是一个额外的负担，而群众一搞起来就有声有色，大大帮助了实际运动，扩兵这样容易，也出乎意料之外。邓小平的报告引发了毛泽东的思考和联想。毛泽东在此处写了很长的一段批注：还有两件事是出于许多同志意料之外的。一件是不敢大张旗鼓地镇压反革命，不敢邀请党外人士参加审判委员会和我们共同审判反革命。结果恰好相反，愈是打破了关门主义的地方，情况就愈好。这是对于人民和党外人士的积极性估计不足的一个例子。又一件是不敢邀民主人士、工商业者、大学教授、中学教员分批地大量地看土改，看杀反革命。叫他们去看，也只让他们看好的，不敢让他们看坏的，存在着严重的关门主义。结果又相反，凡去看了的，回来都是好话，都有进步。华东局规定好坏都让人看，结果很好。这是对于党外广大人士的积极性估计不足的又一个例子。毛注。

第六处，第六自然段，邓小平说：现在比较担心的问题是今春雨水太多，秧苗腐烂很多，可能影响春耕。今年小春比去年差，各省都有一些地方发生严重的灾荒。我们担心各地对这些问题注意不够，忽视了争取今年丰收的中心任务，招致严重的后果。我们正注意对这一方面的指导。毛泽东在此处批注：此事我也很忧虑，务请你们密切指导，争取丰收。毛注。

今天我们重温这篇集中了毛泽东、邓小平两位伟人智慧的珍贵文献，从中仍然可以受到多方面的深刻启迪：一是毛泽东、邓小平把握大局的战略眼光。当时，共和国刚成立不久，百端待举，百废待兴，稳定大局是重中之重。从这篇文稿中，我们仍然可以体会到他们善于把握全局，善于把握主动，善于抓住中心环节，善于解决关键问题的胆识和魄力。二是邓小平对真实情况之了如指掌，邓小平文风之凝练精当。一篇一千七百多字的报告，讲了第二次

“淮海战役”、讲了土改、讲了整风、讲了春耕生产，既有基本情况，又有中肯分析，又有重要判断，又有意见建议，简洁明快，朴实无华，没有半句套话空话。这样的文章，没有很高的理论政策水平和高超的文字驾驭能力，是写不出来的。三是毛泽东善于把个别上升为一般、善于进行具体指导的高超领导艺术。毛泽东的批注，切中要害，明确切实，有对大局的关照，有对关键环节的把握，有对倾向性问题的分析，又有具体的措施要求，准确、鲜明、生动，使人知道做什么、怎么做。

邓小平简练、幽默、平实的语言风格，同他实事求是的政治品格、乐观主义的精神气质一样，是他理论同实践结合、长期锤炼的结果。1950 年，时任中共中央西南局第一书记的邓小平，在出席西南军政委员会召开的西南新闻工作会议做报告时讲过：“拿笔杆是实行领导的主要方法。领导同志要学会拿笔杆。开会是一种领导方法，是必需的，但到会的人总是少数，即使做个大报告，也只有几百人听。个别谈话也是一种领导方法，但只能是‘个别’。实现领导最广泛的方法是用笔杆子。用笔写出来传播就广，而且经过写，思想就提炼了，比较周密。所以用笔领导是领导的主要方法，这是毛主席告诉我们的。凡不会写的要学会写，能写而不精的要慢慢地精。”邓小平这些重要论述，具有长远指导意义。

邓小平喜欢查字典，在文字上追根溯源，他讲话、写文章用语总是十分准确；他喜欢看地图，总是能够恰当地把握所谈问题的历史和时代方位；他喜欢打桥牌，锻炼自己强健的脑力和敏捷的思维；他喜欢独自冷静思考，重大问题从不假手于人，因而他总能保持清晰的思路和深刻的见解；他长期坚持亲自动手写文件、写文章，锤炼了具有鲜明特色的“邓小平文风”。

作为20世纪的伟人之一，邓小平以他的巨大智慧、崇高威望和伟大业绩，赢得了全国人民的信任和整个世界的尊重。而他不经意间流露出的语言艺术，也继毛泽东之后，极大地丰富和发展了中国的政治语言，给后人留下无穷的回味。

第十一章

邓小平谈邓小平

1993年1月3日上午，邓小平给孙辈写信。信中说：对中国的责任，我已经交卷了，就看你们的了。我十六岁时还没有你们的文化水平，没有你们那么多的现代知识，是靠自己学，在实际工作中学，自己锻炼出来的，十六七岁就上台演讲。在法国一待就是五年，那时话都不懂，还不是靠锻炼。你们要学点本事为国家做贡献。大本事没有，小本事、中本事总要靠自己去锻炼。

1993年11月11日，邓小平同身边人员谈西雅图会议和香港问题，表示：处理国际问题要非常冷静。我最近处理问题有点急，这是老年人心态，今后不宜再过问政治问题。

邓小平晚年，曾在不同场合，多次谈到自己。

1977 年 9 月 14 日上午，邓小平会见河野洋平为团长的日本新自由俱乐部访华团。在谈到自己被打倒的经历时说：人们都说我是“两落两起”，实际上我是“三落三起”。我在二十几岁的时候担负着重要的工作，在党中央当秘书长，还领导了广西百色起义。那时红军的队伍很少。在江西根据地，王明路线夺了毛主席对红军、对苏区的领导权，还反对什么邓毛谢古路线。我算一个头头，叫“毛派头头”。这件事一般人不大知道。我能在被打倒后的极其困难的情况下坚持下来，没有什么秘诀，因为我是共产主义者，也是乐观主义者。就我个人来说，对个人安全是放心的。“四人帮”非要打倒我不可，打倒还不算，还要把我整死。我的职务是撤掉了，但毛主席还保留了我的党籍。毛主席指定专人、专门的部队保护我的安全，并明确交代别人不准插手干预，也就是不准“四人帮”干预。①

1981 年 2 月 14 日，邓小平为英国培格曼出版公司编辑出版的《邓小平副主席文集》英文版作序。他指出：毛泽东主席说过这样的话：“国际主义者的共产党员，是否可以同时又是一个爱国主义者呢？我们认为不但是可以的，而且是应该的。”我荣幸地以中华民族一员的资格，

① 《邓小平年谱（1975—1997）》上册，第 201 页

而成为世界的公民。我是中国人民的儿子，我深情地爱着我的祖国和人民。我们的民族曾经创造过灿烂的古代文明，也经历过各种深重的苦难和进行过付出巨大代价的、坚忍不拔的斗争。现在，我们正在认真地总结经验教训，在安定团结的基础上，集中力量建设高度发展的物质文明和社会主义的精神文明。中国人民将通过自己的创造性劳动根本改变自己国家的落后面貌，以崭新的面貌，自立于世界的先进行列，并且同各国人民一道，共同推进人类进步的正义事业。我深深地相信，中国的未来是属于中国人民的，世界的未来是属于世界人民的。①

1985 年 4 月 24 日上午，邓小平会见欧文·比伯率领的美国联合汽车工人工会代表团和威廉·温皮辛格率领的美国工会领导人访华团。谈到自己在法国的经历时说：我也是一个工人，一九二〇年在法国当工人，那时才十六岁。当时是勤工俭学。勤工就是劳动，想挣一点钱上学。但这个目标没有实现。我在法国待了五年半，其中在工厂劳动了四年，干重体力劳动。我的个子小，就是因为年轻时干了重劳动。当时工资很低。但也有个好处，这样的生活使我接受了马克思主义。②

1985 年 7 月 15 日上午，邓小平会见特立尼达和多巴哥总理乔治·迈克尔·钱伯斯。在回答客人提出的身体健

① 《邓小平年谱（1975—1997）》下册，第 714 页

② 《邓小平年谱（1975—1997）》下册，第 1043 页

康的“秘诀”时说：好多朋友都问我，我的回答是“乐观主义”四个字，天塌下来也不要紧，总有人顶住。我是三下三上的人，没有乐观主义态度，没有相信自己的信念总会实现的思想，不可能活到今天。①

1985 年 7 月 30 日上午，邓小平会见乌吉·蒙空那温率领的泰国国会代表团。在谈到自己的工作和身体情况时说：我的方针是少做工作，毕竟八十岁了，力争多活几年，能亲眼看到我们自己国家的发展。但希望不能太高，希望太高就会变成奢望。按照五年来计划，争取延长。测量我的健康有两条标准，一是游泳，二是打桥牌。能打桥牌就说明我的大脑还能起作用，能游泳说明体力还可以。哪一天我不能到北戴河来，就是我差不多的时候了。②

1985 年 10 月 23 日上午，邓小平会见美国时代公司组织的亨利·格隆瓦尔德为团长的美国高级企业家代表团。在美国《时代》杂志海外版编辑普拉格向邓小平提出“如果今后你不在了，你希望人民如何怀念你”时，邓小平说：永远不要过分突出我个人。我所做的事，无非反映了中国人民和中国共产党人的愿望，党的这些政策也是由集体制定的。③

1985 年 11 月 19 日上午，邓小平会见巴基斯坦总理

---

① 《邓小平年谱（1975—1997）》下册，第 1060 页
② 《邓小平年谱（1975—1997）》下册，第 1063 页
③ 《邓小平年谱（1975—1997）》下册，第 1091、1092 页

穆罕默德·汗·居内久。在客人提到邓小平领导制定的国家现代化计划受到国际社会的普遍欢迎时说：并不单是我个人的作用，实际上是我们集体的作用。我只是出了点主意。个人的作用如果不同集体结合起来，就发挥不了大的作用。国际上普遍议论，如果中国某人不在了，中国现行政策是否能够持续下去。我们的干部和领导班子的逐步年轻化就是对这个问题的回答。①

1986 年 1 月 27 日，邓小平由陈辉光、韦纯束等陪同游览漓江。在游览途中，回忆 1929 年在广西领导发动百色起义和龙州起义，创建左右江革命根据地，以及与李明瑞、张云逸、雷经天等交往的情况，说：到过广西不少地方，1929 年在东兰一带，到过河池、柳州、梧州、南宁、百色、都安，在龙州碰到了土匪，被抢走了 20 个光洋。李明瑞是红七军、红八军建立时的总指挥，我是红七军、红八军的政委，当时才 25 岁。红七军很能打仗。李明瑞后来牺牲了，你们应照顾李明瑞的家属。②

1986 年 2 月 21 日，邓小平阅加拿大麦吉尔大学东亚研究所主任林达光教授的来信，批示有关方面答复："我本人从不赞成搞我的自传。"来信说：美国的矮脚鸡出版公司希望我写《邓小平传》，个人写这样的书是否可行，

① 《邓小平年谱（1975—1997）》下册，第 1095 页

② 《邓小平年谱（1975—1997）》下册，第 1104 页

请您考虑。[①]

1986年3月28日上午，邓小平会见新西兰总理兼外交部部长戴维·朗伊。在客人谈到“西方有人说你的身体不好，但我看你身体很强健”时，邓小平说：我已经十年没患感冒了，夏天还能到海里游泳。我身体这么好，是因为在战争年代洗冷水澡。冬天北方很冷，我洗澡也是一桶冷水。[②]

1986年7月14日上午，邓小平会见朝鲜劳动党中央政治局委员、国家副主席李钟玉。在谈到干部年轻化问题时，邓小平说：年轻人有优势。我们注意干部年轻化问题，这要一步一步做。老人有老人的长处，经验丰富，但随着年龄的增长毕竟活力不够了。老实说，老同志知识面也不够广，科学的东西我就懂得很少。所以，要有专业知识的年轻人来工作，这是一个重要的方针。[③]

1986年8月5日下午，邓小平会见日本自民党最高顾问二阶堂进。在谈到个人身体状况时说：我测验自己的身体靠两条。一条是能不能下海，一条是能不能打桥牌。能打桥牌证明头脑还好，能下海证明体力还好。前不久香港传说我病了，股票就下跌。其实他们很容易知道我身体好不好。只要知道我在打桥牌，夏天还在游泳就行。不过

---

① 《邓小平年谱（1975—1997）》下册，第1105、1106页
② 《邓小平年谱（1975—1997）》下册，第1109页
③ 《邓小平年谱（1975—1997）》下册，第1127页

毕竟八十二岁了，天有不测风云，人有旦夕祸福，一旦身体不好也是不可避免的。几年来我一直尽量不做工作，一旦我不在，可以向世界证明，中国的事情仍然可以办得好，现行政策仍然能执行得好。这不是个人的问题，是国家和党的安全问题。我真诚希望身体好的时候退休，退休以后我还是个党员，有意见还可以以党员的身份讲。我人还在，但是别人做工作，这就可以向国际国内证明，现行政策不是决定于我一个人，而是决定于政策本身是否正确。排除个人因素，也许对中国对国际有好处。①

1986 年 9 月 2 日上午，邓小平接受美国哥伦比亚广播公司《六十分钟》节目记者迈克·华莱士的电视采访。在回答为什么没有看到中国公众场合挂邓小平的照片时，邓小平说：我们不提倡这个。个人是集体的一分子。任何事情都不是一个人做得出来的。所以就我个人来说，我从来不赞成给我写传。我这个人，多年来做了不少好事，但也做了一些错事。“文化大革命”前，我们也有一些过失，比如“大跃进”这个事情，当然我不是主要的倡导者，但我没有反对过，说明我在这个错误中有份。如果要写传，应该写自己办的好事，也应该写自己办的不好的事，甚至是错事。在谈到退休问题时说：我提倡废除终身制，而且提倡建立退休制度。我正在考虑什么时候退休。但这个问

① 《邓小平年谱（1975—1997）》下册，第 1128 页

题比较困难，在党内和人民当中很难说服。我相信，在我有生之年退休，对现行政策能继续下去比较有利，也符合我个人向来的信念。但这件事还要做更多的说服工作。最终我是一个共产党员，要服从党的决定。我是一个中华人民共和国的公民，要服从人民的意愿。我还是希望能够说服人民。①

1986 年 10 月 18 日上午，邓小平会见意大利物理学家齐吉基夫妇和美籍华人李政道夫妇。在齐吉基感谢邓小平对世界科学技术的支持，提出世界科技发展需要伟大领袖人物的支持，把科学无国界、科学为和平的工作推向前进时，邓小平指出：对于科学我是外行，但我是热心科学的。中国要发展，离开科学不行。你们成立国际科学文化中心——世界实验室，是一个重要的创举，特别是可以使第三世界国家得到益处。中国是第三世界国家，中国的科学技术人员要积极参加这个世界实验室的工作。在发展科学技术方面，我们要共同努力。实现人类的希望离不开科学，第三世界摆脱贫困离不开科学，维护世界和平也离不开科学。②

1986 年 10 月 23 日上午，邓小平会见德国统一社会党中央总书记、德意志民主共和国国务委员会主席埃里希·昂纳克。邓小平在回忆 1925 年离开巴黎去莫斯科途

① 《邓小平年谱（1975—1997）》下册，第 1133、1134 页

② 《邓小平年谱（1975—1997）》下册，第 1145 页

经柏林短暂停留的经历时说：住了一个星期，受到德国党非常热情的照顾。二十几个同志分住在德国同志家里。当时德国工人生活很困难，德国同志夫妇只有一个房间，让我们睡床上，他们睡地板，把最好的东西给我们吃，真是共产主义者、国际主义者。除了参观，还专门请我们看了红色赤卫队的训练。所以，我对德国共产党不生疏。那个时候我们从接触中了解到，德国党对中国革命抱有很大的热情。①

1986 年 11 月 1 日上午，邓小平在会见意大利总理贝蒂诺·克拉克西时指出：我们实行的是集体领导，有事情大家一块商量决定，我自己只起一份作用。这几年我做的工作很少了。与我同龄的人有一批，我们在酝酿让位的问题。干部需要年轻化，从十一届三中全会以来七年多的时间，我们走了几步，但是还不理想。现在基本上还是老年化或者叫年龄偏大，非改革不行。拿我来说，已过了八十二岁，还能干吗，该让路了。②

1987 年 9 月 11 日上午，邓小平在会见冢本三郎率领的日本民社党第八次访华团时指出：这些年来，我尽量少做事情。没有其他理由，只想多活几年。我只追求两个目标，一个是在本世纪末中国实现小康社会；另一个就是我要活到一九九七年七月，到香港做一次旅行。那时我以退

① 《邓小平年谱（1975—1997）》下册，第 1147 页

② 《邓小平年谱（1975—1997）》下册，第 1150 页

休后的身份去，只能说是旅行。在谈到十三大使领导机构成员年轻化问题时，邓小平说：我的本意是完全退休，提了好几年，但大家不赞成。从现在的情况看，从中国人民的愿望来说，还需要我。我搞半退休，这能实现政治局常委的比较年轻化，又能保证自己还能起应该起的作用。这种处理方法是中国式的，别的国家没有，只要在中国行得通，也是可以的。①

1987年10月13日上午，邓小平会见匈牙利社会主义工人党总书记卡达尔·亚诺什。在谈到十三大人事安排时，邓小平说：我们老人要交班。人们担心年轻人不行，我们过去管大事时都很年轻。我二十三岁时担任中央秘书长。一九五六年八大的准备工作是我主持搞的，那时我才五十二岁。为什么过去我们二十多岁、三十多岁、四十多岁、五十多岁时可以，现在这个年龄的人就不行呢？锻炼一下，不行就下去嘛。在谈到改革时，邓小平说：其实在一九七四年到一九七五年我们已经试验过一段。那时的改革，用的名称是整顿。强调把经济搞上去，首先是恢复生产秩序。不久，我又被“四人帮”打倒了。我是“三落三起”。一九七六年四五运动，人民怀念周总理，支持我的也不少。这证明，一九七四年到一九七五年的改革是很得人心的，反映了人民的愿望。十一届三中全会重新确立了

---

① 《邓小平年谱（1975—1997）》下册，第1206、1207页

实事求是的思想路线，确定了以发展生产力为全党全国的工作中心，改革才重新发动了。[①]

1987年10月16日上午，邓小平会见德意志联邦共和国巴伐利亚州州长、基督教社会联盟主席弗朗茨—约瑟夫·施特劳斯。在谈到将要召开的十三大时，邓小平说：十三大后会加快改革。十三大本身就是一个改革，不仅经济体制要改革，政治体制也要改革。各级领导机构要年轻化，也是政治体制的重要改革。这一时期，我提出全退，但都不赞成，所以半退，保留军委主席。根据国家的需要，根据党的需要，我还是可以起现在起的作用。这样的安排有一个最大的好处，就是一旦马克思召见，不会引起什么波动。在有生之年做好后事安排，非常有利。[②]

1987年11月11日上午，邓小平会见朝鲜民主主义人民共和国总理李根模。在谈到中共十三大做出的人事安排时，邓小平指出：现在我还保留军委主席职务。我原来同一些老同志商量全退，大家都不赞成。现在叫半退，但总有一天要全退，这也是一种过渡。我会力求减少自己的工作，力求减少对党和国家事务的过问。我的任务是逐渐使自己从党和国家的事务中消失掉。[③]

1987年11月16日上午，邓小平在会见土井多贺子

① 《邓小平年谱（1975—1997）》下册，第1210、1211页

② 《邓小平年谱（1975—1997）》下册，第1211、1212页

③ 《邓小平年谱（1975—1997）》下册，第1217页

率领的日本社会党第三次访华代表团时指出：我们党的十三大报告是集体创作，集中了几千人的智慧，有许多内容并不是我提出来的。当然，其中也有我的看法和意见，但大部分是集体的意见。一九七八年党的十一届三中全会以来的路线、方针和政策的制定，我是出了力的，但不只是我一个人。所以，不能把九年来的成绩都写到我个人的账上，可以写我是集体的一分子。过分夸大一个人的作用并不有利。①

1988 年 5 月 25 日上午，邓小平会见捷克斯洛伐克共产党中央总书记米洛什·雅克什。在谈到干部新老交替问题时说：我现在已经半退了，准备过一两年真正全退。当然，还要听党的决定。不过我的心情是全退，这对党有益处，对国家有益处。从根本上说，退的涵义是真正建立党和国家领导人员的退休制度，从人事制度上，使比较年轻的同志容易上来。我们这些老人总站在那里，就挡了比较年轻的人和年轻人的路。不但中央要这样做，而且地方各级都要这样做。党和国家的各级领导人，要逐步年轻化，才能体现党的活力，体现国家的活力。年轻人经验不够，但精力充沛，比较容易接受新事物，新的知识比较多。邓小平还说：我的真正专业是军事，打了二十二年的仗，组织了不少战斗和战役。等我军委主席不当了，就全

① 《邓小平年谱（1975—1997）》下册，第 1218 页

退了。[①]

1988年9月5日上午，邓小平会见捷克斯洛伐克总统古斯塔夫·胡萨克。强调：如果一个党、一个国家把希望寄托在一两个人的威望上，并不很健康。那样，只要这个人一有变动，就会出现不稳定。中国的未来要靠新的领导集体。近十年来的成功也是集体搞成的。我个人做了一点事，但不能说都是我发明的。其实很多事是别人发明的，群众发明的，我只不过把它们概括起来，提出了方针政策。哪一天我不在了，好像中国就丢了灵魂，这种看法不好。我在有生之年还可以做一些事，但希望自己从政治舞台上慢慢地消失。我的最大愿望是活到一九九七年，因为那时将收回香港，我还想去那里看看。我也想去台湾看看，不过看来一九九七年以前解决这个问题不容易。[②]

1989年6月16日，邓小平在同江泽民、李鹏、乔石、姚依林、宋平、李瑞环、杨尚昆、万里谈话时指出：不希望在新的政治局、新的常委会产生以后再宣布我起一个什么样的作用。一个国家的命运建立在一两个人的声望上面，是很不健康的，是很危险的。[③]

1989年10月7日上午，邓小平会见老挝部长会议主席、老挝人民革命党总书记凯山·丰威汉。在谈到自己退

① 《邓小平年谱（1975—1997）》下册，第1234页
② 《邓小平年谱（1975—1997）》下册，第1245页
③ 《邓小平年谱（1975—1997）》下册，第1281页

休问题时，邓小平说：我本人多年来一直提出要求退休，现在年龄越来越大，难免有一天出差错，而且身居高位，一旦突然发生不测事件，影响倒不好。所以现在我要集中一切力量争取退休，要求同志们理解。我们要坚持党和国家的退休制度，任何人都不能例外。①

1989 年 10 月 26 日上午，邓小平会见泰国总理差猜·春哈旺。在谈到退休制度问题时，邓小平说：我现在尽量不管事了，日常事务少过问。我不赞成终身制，多次提倡退休制度。退休制度提倡了多年，自己未办到说不过去，我心中始终存在一个疙瘩。我现在的奋斗目标是全退，要求同志们理解。②

1989 年 11 月 5 日，邓小平前往北京火车站迎接来华进行内部访问的朝鲜劳动党中央委员会总书记、国家主席金日成。6 日上午，在同金日成举行会谈时，邓小平说：这十年我们党把我放到了特殊的岗位，我不当党中央总书记，也不当国家主席，但实际上我是党和国家领导集体的核心，这在国际上也是公认的。③

1989 年 11 月 12 日上午，邓小平接见参加中央军委扩大会议的全体同志，并合影留念。他指出：我虽然离开了军队，并且退休了，但是我还是关注我们党的事业，关

① 《邓小平年谱（1975—1997）》下册，第 1292 页
② 《邓小平年谱（1975—1997）》下册，第 1293 页
③ 《邓小平年谱（1975—1997）》下册，第 1294 页

注国家的事业，关注军队的前景。[①]

1989年11月13日上午，邓小平在会见斋藤英四郎为高级顾问、河合良一为团长的日中经济协会访华团时说：在我离开领导职务之际，应该见见老朋友。你们这个团可能也是我见的最后一个正式代表团。我已经八十五岁了，再不退，不知到哪一天就变成终身制了。我自己提出应该废除终身制，自己不退就是在终身制问题上犯错误。我今后不再代表党和国家见客人，要体现真正退休。今后有些老朋友来中国，可能不见不礼貌，我可以去客人住地拜访，谈友谊。今后，我有意见，还要对领导班子讲。对新班子，我相信他们有能力把事情做好。有差错，他们自己总结，取得经验，就又前进了一步。重要的是领导班子要团结。[②]

1989年11月17日上午，邓小平在会见美国前驻华大使伦纳德·伍德科克夫妇时说：我已经八十五岁了，要想到总有一天要糊涂的。要避免在糊涂时做糊涂事，说糊涂话，避免给别的领导人制造麻烦。不要糊涂时犯错误，这是我的真实想法。[③]

1992年1月18日—2月21日，邓小平在武昌、深圳、珠海、上海等地的谈话要点中说：“周总理四届人大

① 《邓小平年谱（1975—1997）》下册，第1298页

② 《邓小平年谱（1975—1997）》下册，第1298页

③ 《邓小平年谱（1975—1997）》下册，第1299、1300页

的报告，毛主席指定我负责起草，要求不得超过五千字，我完成了任务。五千字，不是也很管用吗？”“我读的书并不多，就是一条，相信毛主席讲的实事求是。过去我们打仗靠这个，现在搞建设、搞改革也靠这个。我们讲了一辈子马克思主义，其实马克思主义并不玄奥。马克思主义是很朴实的东西，很朴实的道理。”①

1992年7月12日，邓小平在住地同前来探望的弟弟邓垦谈话。他说：达到共产主义的目标，要经过社会主义阶段，而这个阶段是很长的。共产主义理想是伟大的，但要经过相当长的历史阶段才能达到。社会主义是可爱的，为社会主义奋斗是值得的。这同时也是为共产主义奋斗。他还说：我哪天去，哪天走，不关紧要。自然规律违背不得，你们要想透这个问题。邓大姐没有痛苦地过去，是幸福的。②

1992年7月23日、24日，邓小平审阅中共十四大报告稿，表示同意报告的框架。他指出：报告中讲我的功绩，一定要放在集体领导范围内。可以体现以我为主体，但绝不是一个人脑筋就可以钻出什么新东西来。乡镇企业是谁发明的，谁都没有提出过，我也没有提出过，突然一下子冒出来了，发展得很快，见效也快。家庭联产承包责任制也是由农民首先提出来的。这是群众的智慧，集体的

① 《邓小平文选》第三卷，第382页

② 《邓小平年谱（1975—1997）》下册，第1348、1349页

智慧。我的功劳是把这些新事物概括起来，加以提倡。报告对我的作用不要讲得太过分，一个人、几个人，干不出这么大的事情。[①]

1993 年 1 月 3 日上午，邓小平在写给孙辈的信中说：对中国的责任，我已经交卷了，就看你们的了。我十六岁时还没有你们的文化水平，没有你们那么多的现代知识，是靠自己学，在实际工作中学，自己锻炼出来的，十六七岁就上台演讲。在法国一待就是五年，那时话都不懂，还不是靠锻炼。你们要学点本事为国家做贡献。大本事没有，小本事、中本事总要靠自己去锻炼。[②]

1993 年 9 月 16 日，邓小平在同弟弟邓垦谈话时说：我退休是党中央全会认可和批准的。我的意思是建立退休制度。没有退休制度，我们的事业难以为继。长久下去，会背起一个大包袱，一堆老人。不仅是数量问题，更重要的是活力没有了，战斗力没有了。国家发展了，我当一个富裕国家的公民就行了。十二亿人口怎样实现富裕，富裕起来以后财富怎样分配，这都是大问题。题目已经出来了，解决这个问题比解决发展起来的问题还困难。分配的问题大得很。我们讲要防止两极分化，实际上两极分化自然出现。要利用各种手段、各种方法、各种方案来解决这

① 《邓小平年谱（1975—1997）》下册，第 1350 页

② 《邓小平年谱（1975—1997）》下册，第 1358 页

些问题。[①]

1993年11月11日，邓小平同身边人员谈西雅图会议和香港问题，表示：处理国际问题要非常冷静。我最近处理问题有点急，这是老年人心态，今后不宜再过问政治问题。[②]

关于时间和历史，伏尔泰有一句名言。他说，最长的莫过于时间，因为它永无穷尽；最短的也莫过于时间，因为我们所有的计划都来不及实践；在等待的人，时间是最慢的；在作乐的人，它是最快的；它可以扩展到无穷大，也可以分割到无穷小；当时谁都不加重视，过后谁都表示惋惜；没有它，什么事都做不成；不值得后世怀念的，它都令人忘怀；伟大的，它都使它们永垂不朽。

历史的记忆是广大的，又是精微的。它的广大记录了波澜壮阔的历史进程，它的精微记录了异彩纷呈的历史瞬间。历史的真理是古老的，又是鲜活的。它的古老展现了人类走过道路的漫长和曲折，它的鲜活展现了人类走向未来的追求与梦想。一切历史的主角都是人。一切历史都是当代史。所以，正是从人的高度、从时代的高度，马克思才讲历史科学是唯一的科学。

邓小平和他领导的那一段改革开放的历史进程，已经

---

① 《邓小平年谱（1975—1997）》下册，第1364页

② 《邓小平年谱（1975—1997）》下册，第1366页

或正在成为历史。我国改革开放和社会主义现代化建设正在谱写新的篇章，中华民族伟大复兴的中国梦正在谱写新的篇章，马克思主义中国化正在谱写新的篇章。但那一段历史无疑应该成为我们党和国家最值得重视、最值得宝贵的一段历史。无论从近百年来中华民族伟大复兴的奋斗历程来说，还是从我国五千年的历史发展来说；无论从国内改革发展稳定的大局来说，还是从世界和平与发展的大局来说，都是这样。

邓小平谈邓小平，既有对党和国家重大历史事件的深刻思考，对历史经验教训的郑重提醒；又有对党和国家前途命运的高度关注，对改革开放未来满怀信心的高瞻远瞩；还有对他自己一生的深情回忆，对逝去战友的深切怀念。这些朴实的、坦诚的谈话，是一个伟大战略家的心灵独白。它从一个侧面展现了邓小平的光明磊落和大公无私，深谋远虑和淡定从容，读来既使人感到亲切，又发人深思，是一种别样的思想和精神财富。

跋

治大国若烹小鲜　正人心必循大道

李洪峰

中国古代的伟大思想家老子，在他博大精深的五千言中，留下了一句意蕴无穷的千古名言："治大国若烹小鲜"，我们试补一句："正人心必循大道"，合在一起就是：治大国若烹小鲜，正人心必循大道。

今天我们所说的人心，就是党心、军心、民心；我们所说的大道，就是中国特色社会主义道路。中国共产党成立 90 多年，执政 60 多年，实行改革开放 30 多年，经历了革命、建设、改革三个大的时期，走出了两条道路，这就是毛泽东开创的中国特色新民主主义道路和邓小平开创的中国特色社会主义道路，引导中国革命、建设和改革，不断从胜利走向胜利。这两条道路，又是前后相承、一以贯之的。

习近平同志指出，坚持和发展中国特色社会主义是一篇大文章，邓小平同志为它确定了基本思路和基本原则，以江泽民同志为核心的党的第三代中央领导集体、以胡锦涛同志为总书记的党中央在这篇大文章上都写下了精彩的篇章。现在我们这一代共产党人的任务，就是继续把这篇大文章写下去。

怎样走好中国特色社会主义道路，写出新的精彩篇章？党的十八大以来，以习近平同志为总书记的党中央坚持党的理论路线方针政策的稳定性连续性和开拓性创造性，继承和发扬我们党战略思维的优良传统，作出了一系列战略决策，提出了一系列重大论断。例如：

第一，必须坚定理想信念，坚定道路自信。习近平同志指出，崇高信仰始终是我们党的强大精神支柱，人民群众始终是我们党的坚实执政基础。只要我们永不动摇信仰、永不脱离群众，我们就能无往而不胜。对马克思主义的信仰，对马克思主义和共产主义的信念，是共产党人的政治灵魂。一个国家实行什么样的主义，关键要看这个主义能否解决这个国家面临的历史性课题。历史和现实都告诉我们，只有社会主义才能救中国，只有中国特色社会主义才能发展中国。这是历史的结论，人民的选择。无论搞革命、搞建设、搞改革，道路问题都是最根本的问题。30多年来，我们能够创造出人类历史上前无古人的发展成就，走出了正确道路是根本原因。现在，最关键的是坚定不移走这条道路、与时俱进拓展这条道路，推动中国特色社会主义道路越走越宽广。要增强道路自信、理论自信、制度自信，增强文化自信，增强价值观自信。

第二，必须高举当代中国发展进步的精神旗帜，凝聚全党全民族的智慧力量。习近平同志指出，实现中华民族伟大复兴，是中华民族近代以来最伟大的梦想。这个梦想，凝聚了几代中国人的夙愿，体现了中华民族和中国人民的整体利益，是每一个中华儿女的共同期盼。中国共产党成立后，团结带领人民前仆后继、顽强奋斗，把贫穷落后的旧中国变成日益走向繁荣富强的新中国，中华民族伟大复兴展现出前所未有的光明前景。实现中华民族伟大复兴的中国梦，就是实现国家富强、民族振兴、人民幸福，使中华民族更加坚强有力地自立于世界民族之林，为人类作出新的更大贡献。中国梦是国家的、民族的，也是每一个中国人的。它造福中国人民，也造福世界人民。到中国共产党成立一百年时全面建成小康社会的目标一定能实现，到新中国成立一百年时建成富强民主文明和谐的社会主义现代化国家的目标一定能实现，中华民族伟大复兴的梦想一定能实现。

第三，必须清醒把握国内国际大局，抓住和用好战略新机遇。关于国际大局，习近平同志指出，当今世界，和平、发展、合作、共赢成为时代潮流。随着世界多极化、经济全球化深入发展和文化多样化、社会信息化持续推进，今天的人类比以往任何时候都更有条件朝和平与发展的目标迈进，而合作共赢就是实现这一目标的现实途径。我们要从这样的国际大势出发来确定我国的外交战略，思考和谋划我国的发展。关于国内大局，习近平指出，国际金融危机发生5年来，世界经济已由危机前的快速发展期进入深度转型调整期。我国发展的重要战略机遇期仍然存在，但在国际环境的内涵和条件方面发生了很大变化。我们面临的机遇，不再是简单纳入全球分工体系、扩大出口、加快投资的传统机遇，而是倒逼我们扩大内需、提高创新能力、促进经济发展方式转变的新机遇。我们必须深刻理解、紧紧抓住、切实用好这样的新机遇，因势利导、顺势而为，努力在风云变幻的国际环境中谋求更大的国家利益。

第四，必须坚持改革开放的基本国策，实现国家治理体系和治理能力现代化。习近平同志指出，中国特色社会主义在改革开放中产生，也必须在改革开放中发展壮大。改革开放是当代中国发展进步的活力之源，是我们党和人民大踏步跟上时代前进步伐的重要法宝，是坚持和发展中国特色社会主义的必由之路，是决定当代中国命运的关键一招，也是决定实现“两个100年”奋斗目标、实现中华民族伟大复兴的关键一招。坚持把完善和发展中国特色社会主义制度，推进国家治理体系和治理能力现代化作为全面深化改革的总目标，这是完善和发展中国特色社会主义制度的要求，是实现社会主义现代化的应有之义。国家治理体系和治理能力是一个国家制度和制度执行能力的集中体现。要不断拓展中国特色社会主义道路，不断丰富中国特色社会主义理论体系，不断完善中国特色社会主义制度，善于运用制度和法律治理国家，提高党科学执政、民主执政、依法执政水平。当前，我们面临的最大任务仍然是发展，发展仍然是解决我国所有问题的关键，必须坚持发展是硬道理的战略思想，坚定不移地抓好发展这个第一要务。实现有质量、有效益、可持续的发展，根本途径是加快转变经济发展方式，关键是深入经济结构战略性调整。

第五，必须高度重视意识形态工作，正确对待党的历史。习近平同志指出，能否做好意识形态工作，事关党的前途命运，事关国家长治久安，事关民族凝聚力和向心力。宣传思想工作就是要巩固马克思主义在意识形态领域的指导地位，巩固全党全国人民团结奋斗的共同思想基础。我们领导人民进行社会主义建设，有改革开放前和改革开放后两个历史时期，但本质上都是我们党领导人民进行社会主义建设的实践探索。对改革开放前的历史时期要正确评价，不能用改革开放后的历史时期否定改革开放前的历史时期，也不能用改革开放前的历史时期否定改革开放后的历史时期。

第六，必须坚持党要管党、从严治党方针，坚决反对腐败。习近平同志指出，要进一步加强党的建设，突出党要管党、从严治党，全面加强党的思想建设、组织建设、作风建设、反腐倡廉建设、制度建设。对党内存在的突出矛盾和问题，不能视而不见，不能回避，不能文过饰非，必须下大气力加以解决。要把党的群众路线教育实践活动的主要任务聚焦到作风建设上，集中解决形式主义、官僚主义、享乐主义和奢靡之风这“四风”问题。要建设高素质的执政骨干队伍，着力培养选拔党和人民需要的好干部。严肃党内生活，最根本的是认真执行党的民主集中制，着力解决发扬民主不够、正确集中不够、开展批评不够、严肃纪律不够等问题。要健全和认真落实民主集中制的各项具体制度，促使全党同志按照民主集中制办事，促使各级领导干部特别是主要领导干部带头执行民主集中制。严明党的纪律，首要的就是严明政治纪律。政治纪律是最重要、最根本、最关键的纪律，遵守党的政治纪律是遵守党的全部纪律的重要基础。腐败问题愈演愈烈，最终必然会亡党亡国。反腐倡廉必须常抓不懈，拒腐防变必须警钟长鸣。要坚持“老虎”、“苍蝇”一起打，要把权力关进制度的笼子里。要科学配置权力，加强对权力运行的制约和监督，形成不敢腐的惩戒机制、不能腐的防范机制、不易腐的保障机制。

第七，必须大兴学习之风和调查研究之风，跟上时代发展步伐。习近平同志指出，全党特别是各级领导干部都要有本领不够的危机感和加强学习的紧迫感，坚持学习、学习、再学习，坚持实践、实践、再实践。世界深刻变革、形势错综复杂、实践不断深入，只有不断学习、善于学习，才能坚定信仰、增长本领，才能跟上时代发展步伐、适应时代发展要求。领导干部不论阅历多么丰富，不论从事哪一方面工作，都应始终坚持和不断加强调查研究。调查研究是我们党的一项基本工作制度和工作方法，也是我们党的优良传统。在改革开放和发展社会主义市场经济的新形势下，新情况、新问题层出不穷，大兴调查研究之风尤为重要。

第八，必须坚持独立自主和平外交政策，坚定不移走和平发展道路。习近平同志指出，要进一步加强战略思维，增强战略定力，坚持独立自主的和平外交政策，坚定不移走和平发展道路。我们要高举和平、发展、合作、共赢的旗帜，坚持在和平共处五项原则基础上同各国友好相处，在平等互利基础上积极开展同各国的交流合作，坚定不移维护世界和平、促进共同发展。我们要根据事情本身的是非曲直决定自己的立场和政策，秉持公道，伸张正义，尊重各国人民自主选择发展道路的权利，绝不把自己的意志强加于人，也绝不允许任何人把他们的意志强加于中国人民。我们主张以和平方式解决国际争端，反对各种形式的霸权主义和强权政治，永远不称霸，永远不搞扩张。我们要坚决维护国家主权、安全、发展利益，任何外国不要指望我们会拿自己的核心利益做交易，不要指望我们会吞下损害我国主权、安全、发展利益的苦果。

第九，必须自觉坚持实事求是、群众路线、独立自主的马克思主义立场、观点、方法。习近平同志指出，实事求是，是马克思主义的根本观点，是中国共产党人认识世界、改造世界的根本要求，是我们党的基本思想方法、工作方法、领导方法。不论过去、现在和将来，我们都要坚持一切从实际出发，理论联系实际，在实践中检验真理和发展真理。群众路线是我们党的生命线和根本工作路线，是我们党永葆青春活力和战斗力的重要传家宝。不论过去、现在和将来，我们都要坚持一切为了群众，一切依靠群众，从群众中来，到群众中去，把党的正确主张变为群众的自觉行动，把群众路线贯彻到治国理政全部活动之中。独立自主是我们党从中国实际出发、依靠党和人民力量进行革命、建设、改革的必然结论。不论过去、现在和将来，我们都要把国家和民族发展放在自己力量的基点上，坚持民族自尊心和自信心，坚定不移走自己的路。

伟大复兴离不开战略思维。国际竞争日益表现为国家战略思维能力的竞争。战略思维能力，包括战略预见、战略判断、战略设计、战略创新、战略决策等能力，是重要的国家能力。

深入学习习近平同志的重要讲话精神，要以马克思列宁主义、毛泽东思想、邓小平理论、“三个代表”重要思想和科学发展观为指导，以战略思维、创新思维、辩证思维为引领，以中国革命、建设、改革的伟大实践为基础，以博大精深的中国历史文化为依托，以整个人类社会的发展进步为背景，以党和国家正在做的事情为中心，坚持理论与实践相结合，全局与局部相结合，当前与长远相结合，国内大局与国际大局相结合。而最重要的是，把握讲话的精髓和实质，坚持名实统一、知行统一、义利统一，切实把思想和行动统一到中央精神上来，把主要精力和注意力放到为人民服务上来，放到“愚公移山”、尽职尽责上来，放到解决国家、社会和人民群众面临的各种实际问题上来，以踏石留印、抓铁有痕的精神，以水滴石穿、磨杵成针的韧性，为实现中华民族的伟大梦想而勇于担当、不懈奋斗。

我曾经写过两副联语。

一副是：万古雄风中国梦，千秋伟业小康情。“小康情”和“中国梦”相对，小康情延伸了中国梦，中国梦提升了小康情。“千秋伟业”和“万古雄风”相对，实现千秋伟业，呼唤万古雄风；重振万古雄风，必创千秋伟业。这副联语的关键词是“中国梦”，是中华民族伟大复兴的中国梦。中华民族伟大复兴是中华民族最伟大的梦想。它的历史参照坐标，是中华民族五千年文明史上的若干高峰时期，例如周朝的成康之治，汉朝的文景之治，唐朝的贞观之治，清朝的康乾盛世等，而其中最有代表性的是汉朝的文景之治和唐朝的贞观之治，这就是令我国一代又一代历史家们兴奋不已、津津乐道的汉唐雄风。那个时期，不但中国的综合国力长期走在世界前列，以多方面的文明成果贡献于世界；而且中华民族自信自强的精神面貌、奋发进取的精神状态、正大光明的精神气质，给世界注入一股强劲持续的东方雄风。中华民族伟大复兴当然不是也不可能是简单地复制历史，但是我们今天和今后，应该也能够从中华民族深厚的历史积淀中汲取智慧和力量，应该也能够创造出无愧于先人、无愧于时代的伟大业绩，应该也能够对世界作出更大的贡献，既贡献高度的物质文明，又贡献高度的精神文明，包括高度的制度文明。这就是这副联语所要表达的情感。

另一副是：上下交则国泰，东西和则民安。这副联语的主题是国泰民安。上联是从一句古语中化来的，它的中心思想是党离不开人民，人民也离不开党。党和政府始终保持同人民群众的血肉联系，干部和党员始终保持人民公仆的本色，国家和社会就稳定、就安定。下联是讲当代世界的两大主题是和平与发展，而和平又是发展的必要前提。改革开放新时期以来，我们党以邓小平同志为核心的第二代中央领导集体、以江泽民同志为核心的第三代中央领导集体、以胡锦涛同志为总书记的党中央、以习近平同志为总书记的党中央，紧紧抓住并用好可以大有作为的重要战略机遇期，为我国坚持走和平发展道路，为维护世界和平，为保障人民群众的幸福安康，作出了重大贡献。这副联语还包含着对我们伟大祖国、伟大人民、伟大民族的最美好祝愿，这就是民安国泰、国泰民安。

实现中华民族伟大复兴，这是近代以来中国人民的伟大梦想。为了实现这个伟大梦想，中华民族、中国人民和中国共产党曾经走过艰难步履，无数革命先烈为之献出了宝贵生命。我曾经无数次瞻仰过矗立在天安门广场中央雄伟的人民英雄纪念碑，也曾经一字一句地读过纪念碑的碑文。邓小平一生最崇敬的人是毛泽东，他始终视毛泽东为师长。他一生最好的朋友是周恩来，他始终视周恩来为兄长。人民英雄纪念碑的碑文，就是毛泽东和周恩来合作写就的。这是一座承前启后、继往开来的伟大丰碑。我们每个人瞻仰它、读它，都会自然而然地生发出一种深深的感动和景仰之情，受到灵魂的洗礼；更仿佛时时受到巨大的鞭策和鼓舞，生发出一种厚重的使命感和责任感。

我们正站在新的历史起点上。这是中华民族由富到强的伟大转折点。今天，我们比以往任何历史时期都更接近中华民族伟大复兴的战略目标。

中国共产党、中国人民和中华民族，正在向着自己的伟大梦想和宏伟目标前进。我们对党、对祖国、对民族的前途和未来，对中国特色社会主义伟大事业的前途和未来，充满必胜信念。

这部《战略家邓小平》，是一部凝聚心血之作。它经过了较长时间的准备。在写作《历史为什么选择了毛泽东》、《人民为什么爱戴周恩来》的过程中，开始酝酿。从参加纪念毛泽东同志诞辰120周年学术研讨会开始，到甲午年春节，进入写作高潮。今年是北京历史上雾霾最重的一年，春节也没有例外。但这没有丝毫影响到我的写作。正所谓不畏雾霾遮望眼，一心读解圣贤文，过了一个名副其实的革命化春节。我以浓浓的兴趣，反复研读毛泽东和邓小平的著作和传记，如饮甘醇，如沐春风。虽然很紧张，但是很快乐。何休说，名教中自有乐地。此之谓乎?

这是一部学习和研究邓小平的郑重扎实之作。它的最大特点是，采取理论和实践相结合、历史和逻辑相统一的方法，以经典注经典，以经典解经典，力求准确鲜明地把握和体现邓小平实践与理论的实质和精髓，以期对党和国家正在做的事情提供有益的启示和借鉴。我们真诚地希望有更多的读者喜欢这部作品。

这部作品的出版，得到了中央文献研究室陈晋、刘金田、王为衡等同志，文化部陈锋、彭德才、刘宏志等同志，新华出版社张百新、要力石、许新等同志，编辑刘飞、尚惠敏等同志的热情帮助。全国政协委员、全国工商联常委邓伟先生，提出重要意见。在此，一并向他们表示感谢和敬意。

2014年5月26日